当代酒店运营理念与服务管理探究

谢 强 苗淑萍 ◎ 著

中国石油大学出版社

山东·青岛

图书在版编目（CIP）数据

当代酒店运营理念与服务管理探究 / 谢强，苗淑萍著 . -- 青岛：中国石油大学出版社，2024.3
　　ISBN 978-7-5636-8199-0

　　Ⅰ. ①当… Ⅱ. ①谢… ②苗… Ⅲ. ①饭店 - 运营管理 Ⅳ. ① F719.2

中国国家版本馆 CIP 数据核字 (2024) 第 057649 号

书　　　名：	当代酒店运营理念与服务管理探究
	DANGDAI JIUDIAN YUNYING LINIAN YU FUWU GUANLI TANJIU
著　　　者：	谢　强　苗淑萍
责任编辑：	陈亚亚（电话　0532-86981529）
责任校对：	刘　洋（电话　0532-86981236）
封面设计：	金世达
出 版 者：	中国石油大学出版社
	（地址：山东省青岛市黄岛区长江西路66号　邮编：266580）
网　　　址：	http://cbs.upc.edu.cn
电子邮箱：	Q20160035@upc.edu.cn
排 版 者：	山东博利图书有限公司
印 刷 者：	青岛博优文化传媒有限公司
发 行 者：	中国石油大学出版社（电话　0532-86983437）
开　　　本：	787 mm × 1 092 mm　1/16
印　　　张：	12.5
字　　　数：	240 千字
版 印 次：	2024 年 3 月第 1 版　2024 年 3 月第 1 次印刷
书　　　号：	ISBN 978-7-5636-8199-0
定　　　价：	48.00 元

前言

随着现代社会人们生活质量的不断提高,服务行业的春天正在走来。酒店作为外地游客和当地居民食宿、娱乐、休闲的重要场所,是旅游休闲活动的主要载体之一。酒店行业不仅是旅游经济的支柱产业之一,还是服务业乃至整个国民经济和社会生活的重要组成部分。现代化酒店的发展日新月异,新技术的运用、从业人员素质的变化和先进理念的引入,都对现代酒店的管理提出了新的要求。高效的管理是酒店成功的关键。酒店管理人员,尤其是高层管理人员,需要具备管理思维、重大决策能力和长期发展战略思维。

本书首先对当代酒店服务运营管理基础知识进行了论述,然后对酒店运营理念基础与提升、酒店组织管理、人力资源管理等相关内容作出了阐释,并针对酒店服务管理的相关问题进行了详细研究。本书以全新的视角,从优质服务出发,以顾客期望为核心,探讨酒店传统服务与创新服务的运营方式和要点,实现酒店服务理念的提升。在日益激烈的市场竞争中,一家酒店想要脱颖而出,就要领悟服务的本质,超越顾客期望,打造卓越服务,提升顾客的忠诚度,建立超越竞争对手的核心竞争优势。

本书在组织策划和编写出版过程中,得到了酒店业内专家、学者的广泛支持和积极参与,在此表示衷心的感谢!希望本书能够满足酒店管理新形势下的新需求,能够为中国酒店管理建设的开拓创新贡献力量。由于著者水平有限,书中难免有纰漏或不妥之处,恳请广大读者批评指正,不胜感激。

著 者

2023 年 12 月

目 录

第一章 酒店服务运营管理概述	1
第一节 酒店的基本认知论述	2
第二节 酒店服务与运营管理	12
第三节 酒店管理的基础理论	20
第四节 当代酒店管理的基本职能和方法	33

第二章 酒店运营理念基础与提升	43
第一节 酒店服务的理念分析	44
第二节 酒店管理的理念分析	48
第三节 酒店管理的理念提升	62

第三章 酒店组织管理	77
第一节 酒店组织管理的内容与原则探析	78
第二节 酒店组织的企业制度与管理体制	84
第三节 酒店组织的结构设计与创新探索	92

第四章 酒店人力资源管理	105
第一节 酒店人力资源管理概述	106
第二节 酒店人力资源管理基础	109
第三节 酒店人力资源管理创新	125

第五章 酒店服务管理	135
第一节 酒店服务质量的内涵与管理理论概述	136

第二节　酒店服务质量管理体系的建立与标准 …………………… 144

　　第三节　酒店服务质量改进的工具与措施研究 …………………… 156

第六章　信息化时代下的酒店管理发展探究 …………………………… 167

　　第一节　高新技术在现代酒店管理中的应用探究 ………………… 168

　　第二节　基于现代科技的酒店管理发展前景展望 ………………… 174

　　第三节　现代酒店个性化服务与管理研究 ………………………… 180

参考文献 ……………………………………………………………………… 190

第一章

酒店服务运营管理概述

第一节　酒店的基本认知论述

一、酒店基本概念

（一）现代酒店的概念

现代酒店是指向各类旅游者提供食、宿、行、娱、购等综合性服务、具有涉外性质的商业性的公共场所。

现代酒店特别强调综合性服务、涉外性质、商业性和公共场所四个子概念。

1. 综合性服务的概念

综合性服务的概念表明现代酒店与一般企业不同。酒店所提供的产品是多种产品的组合。这些产品既有有形产品，又有无形产品；既有一次性消费产品，又有多次性、连续性消费产品。综合性服务的概念不但表明了酒店产品形式的综合性，而且表明了酒店产品在产、供、销方面的综合性；不但表明了酒店对客服务的综合性，而且表明了酒店经营管理的综合性。在酒店的服务管理中经常提到的"100-1=0"和"100-1<0"，就是对现代酒店综合性服务概念的一种体现。现代酒店中的综合性服务概念使酒店的管理趋于系统化。

2. 涉外性质的概念

涉外性质的概念表明了现代酒店在酒店的服务管理中不仅要接待各类国内旅游者，还要接待各类国际旅游者。酒店的服务管理人员不仅要熟悉酒店所在地政府的方针、政策，还要了解熟悉国际惯例、风俗习惯以及国与国之间交流往来的政策；不仅要提供符合本国、本地区旅游者需求的服务，还要提供能满足各类国际旅游者的服务。现代酒店中的涉外性质概念使酒店的经营管理趋于国际化。

3. 商业性的概念

商业性的概念表明了现代酒店是一个经济实体，是一个必须产生了经济效益才能生存的企业。它要求酒店的经营管理必须符合市场的规律，必须迎合市场的需求和满足市场的需要；要以顾客、市场为导向，要做到"宾至如归"；要考虑酒店产品的产、供、销，不断改进产品的质量，提高市场竞争力；要遵循经济规律，搞好经济核算，控制成本，提高利润；面对市场，要敢于竞争、善于竞争。现代酒店的商业性概念使酒店的经营管理具有风险性。

4. 公共场所的概念

公共场所的概念表明了现代酒店是一个文化交流、科技交流和社交活动的中心，是一个除了"衣冠不整者"以外的任何人都可以进入的公共区域。这个概念要求酒店的管理人员要具有安全保卫意识，既要保护酒店财产的安全，又要保护客人的生命、财产安全；既要维护客人的各种利益，又要维护酒店的利益。这个概念要求酒店的经营管理者要充分认识和理解客人的需求，既要满足住店客人的需求，又要满足各种进入酒店的非住店客人的需求；既要让住店客人感到酒店的安全和温馨，又要保证酒店公共场所的形象和生活、科技和文化交流及社交中心的功能。现代酒店中的公共场所概念使酒店的经营管理趋于复杂。

（二）现代酒店应具备的条件

现代酒店是在古代"亭驿""客舍"和"客栈"的基础上，随着人类的进步，社会经济、科学文化技术、交通、通信的发达而发展起来的。现代社会经济的发展，使世界旅游业日益兴旺，酒店也随之迅速发展起来，而且越来越豪华，越来越现代化。用现代眼光来看，旅游酒店都应该是现代化的酒店。现代化的酒店应具备下列条件：

（1）是一座现代化的、设备完善的高级建筑物；

（2）除了能提供舒适的住宿条件外，还能提供餐饮服务；

（3）具有完善的娱乐设施、健身设施和其他服务设施；

（4）在住宿、餐饮、娱乐等方面具有高水准的服务。

（三）酒店的地位和作用

随着社会的发展，交通的便利，人们经常有机会外出旅游、探亲、度假，或外出进行文化交流、经商等活动，酒店就为这些旅行者提供了住宿、餐饮、娱乐的便利。随着世界旅游业的发展和国际交往的增多，酒店业在国民经济中的地位日趋重要，它对促进国民经济发展有着重要的作用。

1. **酒店是旅游业的重要支柱之一**

酒店是旅游业发展的物质基础，能为旅游者提供在旅游活动中的餐饮、住宿、娱乐场所。除此之外，现代酒店还为人们提供了保健、社交、会议、消遣与购物的场所。它以一种特殊的商品形式，吸引人们用较多的货币去购买在家庭和其他地方享受不到的体验，以提供各种优质服务来获得盈利，这就促进了旅游业的发展，并直接促进了国民经济的发展。

2. 酒店是国家外汇收入的重要来源之一

现代酒店以一种不出口的商品外贸经营方式运行，它的创汇率在某种程度上比商品出口的创汇率高。在我国，高星级酒店主要的接待对象是外国友人、华侨、港澳台同胞和外籍华人，这些客人在酒店内消费后所支付的费用都以外汇结算。因此，酒店是创造外汇收入的重要场所。同时，酒店也是国家对外政策的直接执行者，是体现国家形象的一个窗口。

3. 酒店是一个综合性的服务行业

酒店的发展势必促进社会上其他行业的发展，如建筑业、装修业、轻工业、电气行业和食品加工业等，这对活跃国民经济起到了极大的促进作用。

4. 酒店为社会创造直接和间接的就业机会

酒店需要管理人员和服务人员。按目前我国酒店的人员配备状况，每间客房平均配备1.5～2名服务人员。若新建一座有300间客房的酒店，将创造450～600个直接就业机会。同时，其他为酒店提供设备、家具、食品、装修材料等商品的行业也需要大量的人力，这就提供了间接的就业机会。

5. 酒店是文化交流、科学技术交流、社交活动的中心之一

酒店的客人来自世界各地，包含各界人士。他们的来访促进了文化艺术、科学技术的交流。同时，现代酒店设施设备的引进和现代管理技术的运用，也促进了科学技术的交流。除此之外，酒店提供的娱乐场所也促进了社交活动的发展。

二、酒店的种类与星级的审批和管理

（一）酒店的种类

世界上酒店的种类繁多，酒店的模式也越来越多样化、奇特化。为了满足各类旅客的需要和酒店盈利的需要，出现了各种各样奇特新颖的酒店。一般根据酒店的用途、经营方式、规模大小等不同情况来分类，同一类别的酒店虽有许多共性，但也有许多不同的个性。

1. 按用途分类

（1）商务酒店。这类酒店以接待暂住客人（如经商客人）为主，一般建在商业中心

（市区内），除了给客人提供舒适的住宿、餐饮和娱乐场所外，还必须有经商所必需的长途直拨电话、传真等现代化通信设施，以及打字、速记、文秘、录像及投影等服务项目。高星级酒店还应有 24 小时送餐服务、24 小时洗衣服务。

（2）旅游酒店。这类酒店以接待暂住的旅游者为主，一般建在旅游点附近。为了使旅游者在精神上和物质上获得满足，酒店除了要有高级的餐饮和住宿设施外，还要给客人提供娱乐、保健及购物等服务设施。

（3）住宅区（公寓、别墅）式酒店。此类酒店是为长住客人而建的。这类酒店的客房一般采用家庭式结构，除提供商业酒店的一般设施外，还提供厨房设备、办公设备及小孩游戏的设施，使住客能充分享受家庭之乐。长住客人与酒店之间一般都签订租约。不过，住宅式酒店也有相当一部分房间接待暂住客人（旅游酒店和商业酒店同样也有一部分长住客人）。

（4）度假酒店。这类酒店主要接待旅游度假者，通常坐落在风景名胜地区（如海滨、著名山庄、温泉附近），地理环境是建立度假酒店的一个重要因素。度假酒店是一个度假中心，专门为客人提供娱乐和享受，一般要有良好的沙滩、游泳池、滑雪场、溜冰场、高尔夫球场和运动场，甚至跑马场。度假酒店的客源受季节影响较大。

2. 按经营方式或所有权分类

（1）全民所有制酒店。生产资料归国家所有。

（2）集体所有制酒店。属于公有制企业，但生产资料和它的产品归有关劳动集体所有。

（3）合资酒店。由两个或两个以上的投资者合作兴建并联合经营的酒店。投资方可以是全民所有制，也可以是全民与集体，全民与外资或集体与外资等。

（4）独资酒店。多指外国（或华侨）投资者在我国境内开设的独资酒店。

（5）个体酒店。由个人投资经营的酒店。

3. 按规模大小分类

酒店的规模没有明确的规定，一般是以酒店的房间数、占地面积、酒店的销售额和纯利润为标准来衡量酒店的规模，其中主要的标准是房间数。目前国际上通行的划分标准有以下三种：

（1）小型酒店，客房数小于 300 间（有的划分为 200 间以下）；

（2）中型酒店，客房数为 300～600 间（有的划分为 200～700 间）；

（3）大型酒店，客房数大于 600 间（有的划分为 700 间以上）。

以规模大小分类是比较客观的分类法，因为它有利于酒店之间进行比较。

（二）酒店的等级

世界上酒店种类繁多，为推销和方便旅客选择酒店，各国政府或旅游业的团体机构都会根据酒店的软硬件条件，将酒店划分为不同的等级。

酒店等级主要依据酒店的位置、设施的配备情况、服务水准的高低进行划分。虽然目前国际上对酒店等级的划分还没有正式规定，但有些标准已被公众和行业认可，因此在划分标准上比较统一，如清洁程度、设施水平、家具品质、酒店规模、豪华程度、服务质量、管理水平等。

1. 国际上通用的等级划分标准

目前在国际上比较通用的是五星等级划分标准，即一星至五星。星级越高，设施和服务越好。

（1）一星级酒店：设备简单，具备食、宿两个基本功能，能满足客人最简单的旅行需要，提供基本的服务。一般标准间面积为12～14平方米，块料地板，一般墙面；卫生间有浴盆或淋浴，供热水6小时以上；设有餐厅、酒吧。一星级酒店属于经济等级，适合经济能力有限的旅游者。

（2）二星级酒店：设施一般，除具备客房、餐厅外，还设有购物、邮电、美容等综合服务设施，服务质量较好。一般标准间面积为14～16平方米，有空调，一般墙面，有地毯或局部床边地毯，有彩电、电话；卫生间面积为3～3.5平方米，配备138厘米浴盆、淋浴头、抽水马桶，全天供应热水；有中西餐供应，设有餐厅、咖啡室或酒吧，有1～3间小宴会厅、陪同人员餐厅。二星级酒店属于一般旅行等级，所接待旅游者的经济能力为中下水平。

（3）三星级酒店：设备齐全，除提供优良的食宿外，还有会议室、游艺厅、酒吧、咖啡厅、美容室等综合服务设施。标准间面积为16～20平方米，上等地毯、墙面，有消防装置，全空调（中央空调），房内设有彩电、电话、音响、唤醒器；卫生间面积为3.5～5平方米，配备152厘米的浴盆、抽水马桶、排气装置、梳妆台，全天供应热水；设有中西餐厅和内部餐厅、酒吧、咖啡厅等。三星级酒店适合中等经济水平的旅游者，目前最受旅游者的欢迎，因此，此星级酒店数量最多。

（4）四星级酒店：设备豪华，各种服务齐全，设施完善，服务质量高，店内环境高雅。标准间面积在20平方米以上，配备高级地毯和各种豪华设施。卫生间面积在5～6平方米，配有168厘米以上的浴盆、低噪声马桶、紧急呼唤器、红外线取暖器等设备；设有中西餐厅、小宴会厅、咖啡厅、酒吧及内部餐厅等，有较齐全的健身娱乐设施和服务项目，顾客在此可以得到物质、精神的高级享受。四星级酒店的客源主要是公务旅行者和具有较高消费能力的旅行者。

（5）五星级（或四星级超豪华）酒店：这是酒店的最高等级。设备十分豪华，服务设施十分齐全，服务质量高。酒店内设有各种各样的餐厅和会议厅，有游泳池、网球场、桑拿房、日光浴室等大型健身娱乐场地。标准间面积为 26 平方米及以上，卫生间面积为 10 平方米及以上。五星级酒店旨在给每位客人留下难忘的印象，使他们认为在此停留是一件值得记忆的事。五星级酒店的客源主要是社会名流、上层管理人员、高级技术人员、著名学者等。

2. 国际上酒店等级划分的差异

酒店等级的划分因国家不同而有所不同，如瑞士酒店协会采用五星等级制；美国汽车协会采用五粒钻石等级制度，将酒店划分为一般、好、佳、优及突出等级；罗马尼亚将酒店分为特级、一级、二级、三级四个等级；日本将酒店分为高级酒店、简易酒店和国民宿舍三个等级。

3. 我国酒店等级划分

我国早期酒店等级划分是按照酒店标准房间的净面积、装饰、设备等条件划分为五个等级：特级酒店，相当于国际的五星级标准；一级酒店，相当于国际的四星级标准；二级酒店，相当于国际的三星级标准；三级酒店，相当于国际的二星级标准；四级酒店，相当于国际的一星级标准。目前我国采用与国际接轨的五星等级制度。

随着我国星级饭店产业规模日渐扩大，饭店业态日趋多元化，星级饭店的质量呈现一定的地区差异性，中低星级饭店面临重新定位的现实，建设环境友好型、资源节约型社会对饭店节能减排、绿色环保工作提出了更高要求，各类突发事件对星级饭店应急管理提出了更严格的要求。基于此，文化和旅游部于 2010 年 10 月正式颁布《旅游饭店星级的划分与评定》（GB/T14038—2010），该标准从 2011 年 1 月 1 日起实施，并一直沿用至今。

可以用六个"强调"来概括新版标准的特点：

一是强调必备项目。评定检查时，对照标准逐项检查，要求各星级饭店全部达标，缺一不可。

二是强调核心产品。将客房产品定位为饭店核心产品，突出对客房舒适度的要求，增加了对客房棉织品、枕头、床垫、温度、湿度、遮光、隔音、热水龙头等方面的具体质量要求。

三是强调绿色环保。一至五星级饭店均被要求制定相应的节能减排方案并付诸实施，取消对牙膏、牙刷、拖鞋、沐浴液、洗发液等客用品的硬性要求。

四是强调应急管理。要求一至五星级饭店均需制定火灾等六类突发事件处置的应急预案，要求高星级饭店定期演练。

五是强调软件服务。增强软件标准评价的客观性，将有关服务流程、清洁卫生、维护保养、管理制度等统一到运营质量评价中。

六是强调特色经营。在硬件设施评分表中增设商务会议饭店设施、度假饭店设施及其他这三类选择项目，鼓励企业按类别集中选项，引导星级饭店特色化、差异化发展。小型豪华精品饭店可以直接申请评定五星级。

（三）星级的审批和管理

1. 星级评定的责任分工

我国旅游酒店星级评定机构总体实行"分级管理、下放星级标准与星级评定权"措施。文化和旅游部设全国旅游星级饭店评定委员会（简称"全国星评委"），负责全国旅游酒店星级评定的领导工作，并具体负责五星级酒店的评定。各省、自治区、直辖市文化和旅游厅（局）设省级旅游星级饭店评定委员会（简称"省级星评委"）；副省级城市、地级市（地区、州、盟）文化和旅游局设地区旅游星级饭店评定委员会（简称"地区星评委"）。这些机构都要根据上级星级评定委员会的授权开展星级评定和复核工作。

2. 星级的申请

星级评定遵循酒店自愿申报的原则。凡在中华人民共和国境内正式营业一年以上的旅游酒店，均可申请星级评定。经评定达到相应星级标准的酒店，由全国旅游酒店星级评定机构颁发相应的星级证书和标志牌。星级标志的有效期为三年。

3. 星级的评定规程

酒店提出星级申请后，各级星评委按属地原则受理星级申请，并在接到申请后的一个月内安排评定检查。一、二、三星级酒店的评定检查工作应在 24 小时内完成，四星级酒店的评定检查工作应在 36 小时内完成。全国星评委保留对一星级到四星级酒店评定结果的否决权。对以住宿为主营业务、建筑与装修风格独特、拥有独特客户群体、管理和服务特色鲜明且业内知名度较高的旅游酒店的星级评定，可按照星级评定程序直接申请评定五星级酒店。

4. 星级的评定原则

酒店所取得的星级表明该酒店所有建筑物、设施设备及服务项目均处于该星级同一水平。若酒店由若干不同建筑水平或不同设施设备标准的建筑物组成，则旅游酒店星级评定机构应按每座建筑物的实际水平评定星级。评定星级后，不同星级的建筑物不能继续使用相同的酒店名称。酒店取得星级后，因改造发生建筑规格、设施设备和服务项目的变化，导致达不到原星级标准的，应向原旅游酒店星级评定机构申报，接受复核或重新评定。某些特色突出或极具个性的酒店，若其自身条件与标准执行的条件有所不同，则可直接向全国旅游酒店星级评定机构申请星级。

5. 星级的复核及处理

星级复核是星级评定工作的重要补充部分，其目的是督促已取得星级的酒店持续达标。星级复核，分为年度复核和三年期满的评定性复核。年度复核工作由酒店对照星级标准自查自纠，并将自查结果报告至相应级别星级评定委员会，星级评定委员会根据酒店自查结果进行抽查。评定性复核工作由各级星级评定委员会委派星级评定员以明察或暗访的方式进行。对复核结果达不到相应标准的星级酒店，星级评定委员会根据情节轻重给予限期整改或取消星级的处理，并公布处理结果。目前我国星级评定检查工作暂不收费。星级评定员往返受检酒店的交通费以及评定期间在酒店内所发生的合理费用由受检酒店据实核销。

三、酒店的功能

酒店的功能有一个逐步发展的过程，它的产生和发展均以客人的需求为基础，按照出现时间的远近，可将酒店的功能分为酒店的传统功能和酒店的现代功能。

（一）酒店的传统功能

酒店的传统功能是指酒店出现之初就已具有的功能，主要包括住宿功能、饮食功能和集会功能。

1. 住宿功能

住宿功能是指酒店向客人提供舒适、方便、安全、卫生的居住和休息空间的功能。现代酒店按照其星级的不同，向客人提供不同标准和等级的设施与服务。酒店的星级越高，其提供的设施越豪华、服务越完善。

2. 饮食功能

饮食功能是指现代酒店向游客提供饮食及相关服务的功能。星级酒店通常具有多种不同风味和消费层次的餐厅和酒吧，以适应来自不同国家、地区，具有不同饮食和消费习惯的客人的需要，通过向客人提供多样性的美食和饮品，使客人流连忘返。

3. 集会功能

集会功能也是酒店传统功能的一种，现代酒店通过这种功能向所在社区开放，为社区的集会、文化交流和信息传播等活动提供场所和相关服务。现代酒店的会议设施和会议服务功能也在不断地完善和发展，以满足不同层次客人的需要。比如现代酒店的远程会议服务系统，能将远在天涯的两个会议场所连接起来，进行如在咫尺的交流，这极大地方便了外出的商务客人。

（二）酒店的现代功能

酒店的现代功能是随着社会的变化和客人的需要逐渐建立和完善起来的。现代酒店都力图通过完善的设施和尽善尽美的服务来满足客人的需求，以期吸引更多的客人。酒店的现代功能可以归结为以下四种，即文化娱乐功能、商业服务功能、购物服务功能以及交通服务功能。

1. 文化娱乐功能

文化娱乐功能是现代酒店通过举办文化活动、提供康体设施，以满足客人休闲和康体需求的酒店功能。随着生活水平的提高，人们对文化、娱乐、康体、休闲的要求越来越高。现代酒店是人们文化交流、社交活动的高级场所，通过提供多样化和高级的服务项目，既可以满足客人的需求，又可以拓宽酒店的发展渠道。同时，这也是高星级酒店的一个评定标准与要求。

2. 商业服务功能

商业服务功能主要是指酒店为客人的商务活动提供各种设施和服务的功能，包括为客人的商业活动提供展览厅、写字间等操作场所，为客人提供电话、传真、上网工具等现代化通信设施设备，让客人能够随时与外界进行沟通，能够及时收发信息，这对于商务客人来说是至关重要的。当今的时代是一个信息时代，酒店是否拥有这些通信设备是衡量其现代化程度的一个重要指标。

3. 购物服务功能

购物服务功能是现代酒店的一个常见功能。酒店可以根据自身的特点和客源结构，准备一些满足客人需要的旅游纪念品、高级消耗品，甚至可以是普通生活用品，主要是能够与主要住店客人的喜好相符的商品。

4. 交通服务功能

现代酒店通常被要求能够为客人提供市内交通工具，能够为旅客提供火车票、飞机票等交通客票的预订服务，以免除客人的后顾之忧。在现实生活中，许多高星级的酒店通常都拥有自己的专用车队。

客人的需求在变，现代酒店的功能与要求也在随之延伸。一家好的酒店应该想客人之所想，尽量为客人提供一些个性化服务。当然，现代酒店在设置这些功能与服务的时候，也应该与所在社区进行功能对接，互相补充，以降低酒店的经营成本。

四、中外酒店业发展简史

（一）国际酒店集团

现代酒店集团诞生于20世纪40年代末的欧美国家，在多年的发展历程中，国际酒店集团已经逐步完成了从小到大、从单一到多元、从国内到国际的发展过程。这些国际酒店集团在预订、营销和管理方面具有明显优势，对独立酒店形成了一定的竞争压力。因此，许多酒店开始联合起来，向集团化、品牌化、规模化和标准化的方向发展。

国际酒店集团的扩张有收购兼并、特许连锁和管理输出等途径。收购兼并是酒店集团快速或超速成长的主要途径，其缺点是扩展成本较高，需要较多的资金。特许连锁、管理输出等方式扩展成本低，但是成长较慢。进入20世纪90年代，国际酒店集团的并购狂潮风起云涌。国际酒店集团不仅每年扩展其客房数量，而且为了争夺市场占有率，它们也发展多种经营方式，不断开发新产品。

随着中国综合实力的增强和旅游事业的发展，国际知名酒店集团纷纷涉足中国市场，并迅速发展成为中国酒店市场中的一员，甚至是高端市场的主力军。

国际酒店集团在中国的发展大致分为三个阶段，分别为20世纪80年代的初期引进阶段、20世纪90年代的全面铺开阶段和21世纪初的纵深发展阶段。

国际酒店集团在中国主要采取多品牌、两极化、网络化和本土化策略。品牌策略主要采用品牌组合模式，涵盖公司品牌、亚品牌、受托品牌、独立品牌四种类型的品牌结构。两极化策略主要体现在酒店市场的两极化上，即侧重超豪华品牌酒店与经济型酒店两大极端市场。网络化策略主要体现在地域分布的网络化和销售的网络化上。本土化策略主要体现在人才的本土化和酒店文化的本土化上。

（二）国内酒店集团

我国第一家酒店集团（公司）——锦江国际集团，成立于1984年3月，现在已经发展成为具有各种功能的第三产业企业集团公司。多年来，我国酒店集团经历了初创阶段、吸收模仿阶段，并开始逐步进入整合突破阶段，经历了从无到有、从小到大和艰苦的创始、模仿、思索、整合的过程，在数量与质量上均产生了质的飞跃。在全球酒店集团300强中，凯莱、锦江、首旅等国内酒店集团开始榜上有名。

我国酒店集团基本可以分为三种类型：投资管理的酒店集团、委托管理的酒店管理公司、酒店联合体。投资管理的酒店集团大多通过直接投资、收购兼并、参股控股等资本联结方式对下属酒店进行集团化管理，如凯莱国际酒店管理有限公司、香港中旅酒店有限公司、中远酒店物业管理有限公司等；委托管理的酒店管理公司则是通过管理合同方式接管国内的单体酒店并组成管理权与所有权分离的酒店集团，如上海锦江、南京金陵、广州白天鹅等，这种类型在我国酒店集团所中占比重最大，其特征是以输出管理经验为主，成本较低；酒店联合体在不改变酒店的所有权、管理权、品牌名称的基础上，相互介绍客源，交流经验，促销品牌，是一种松散的集团形式，如北京酒店集团、友谊旅游酒店集团、邮电系统的中国信苑饭店网等，其特征是集团内部联系最少，扩展最便捷。

除酒店管理集团（公司）以外，我国许多知名酒店也在国内组成一些跨省市的协作集团式松散型联合体，以适应市场竞争的需要。例如，北京酒店、福州西湖大酒店、厦门悦华酒店等多家酒店组成的"中国名酒店组织"就是一个松散型跨省市的酒店联合体。

我国的酒店集团（公司）还处于发展阶段，与国际著名酒店集团相比，在管理模式、管理实践经验等方面还存在一些差距，今后应该不断学习国际先进经验，充分发挥自身特色，打响中国酒店集团品牌知名度。

第二节 酒店服务与运营管理

一、酒店服务概述

（一）酒店服务的概念和内涵

1. 服务

我们每个人对"服务"一词都不陌生，在生活中，"服务"可以说是无时不有，无处不在。人们每天的起居、饮食、旅行、学习、工作和娱乐，无时无刻不在享受着他人提供的服务。而每个人的工作，也在为他人提供着直接或间接的服务。服务，就这样和人们的生活紧密相关。

服务本质上是一种交换活动，其中一方（服务提供者）通过提供知识、技能、劳动或关怀，满足另一方（服务接受者）的需求。与产品销售不同，服务的特点在于其无形性、即时消耗性和参与性。客户不仅是服务的接受者，也往往是服务实现过程的一部分。这种互动性是服务独有的特征，它要求服务提供者不仅要有专业技能，还要具备良好的人际交往能力和高度的责任心。因此，服务质量的高低，直接影响着消费者的满意度和服务提供者的声誉。

《辞海》对"服务"的解释为：为集体或为别人工作。如为人民服务，服务勤勉，亦称"劳务"。服务部门包括为生产和为生活服务的各个部门，这些都属于第三产业。近年来，服务业在创造税收、吸纳就业、新设市场主体、固定资产投资、对外贸易等方面全面领跑，支撑国民经济健康发展。酒店及住宿业是服务业的重要组成部分。

2. 酒店服务

酒店服务是指酒店为满足顾客的需要而付出的智能和必要的劳动。酒店主要为顾客提供住宿服务、生活服务及设施服务等。

（1）酒店服务的主体和客体。酒店服务的主体是服务的实施者，在服务中处于主动地位。一般来说，人们认为酒店服务的主体就是酒店的一线员工，即服务员。服务员是与顾客接触最密切的人，直接为顾客提供服务，顾客对酒店服务质量的感受和体会也来源于其在酒店享受服务的经历。但酒店服务的主体除了直接密切接触顾客的服务人员和部门外，还包括销售部、工程部、财务部、人力资源部等。这些部门虽然不直接为顾客提供服务，却通过为前厅部提供服务而间接为顾客服务。酒店产品的综合性和协调性要求酒店各个部门以及处于各层次工作岗位的管理人员和服务人员要相互配合，共同为顾客提供服务。因此，上到酒店经理，下到服务员，酒店的每一位员工都是服务的主体。酒店服务的客体是服务的承受者，在服务中居于被动地位，需要付出相应的金钱才能享用酒店的客房、享受餐厅的美食，使用各种健身设备等产品，即顾客。

（2）酒店服务的内容。按照服务业功能性分类来划分，酒店服务属于消费型服务。在酒店接待过程中所提供的各种服务，主要分为以下几大类。

①前厅服务：问询、预订、办理入住及退房、电话、商务、代办、行李服务等。
②客房服务：打扫卫生、洗衣、提供在住期间生活必需品的服务等。
③餐饮服务：中西餐厅、酒吧、咖啡厅、特色餐厅等吃喝服务。

④娱乐服务：提供娱乐、健身等方面的所有服务。

⑤工程、保安服务：提供维修及安全保障服务。

（二）酒店服务的特点

1. 复杂性

酒店服务具有复杂性。酒店服务的对象来自国内外不同区域，他们的职业、年龄和风俗习惯是千差万别的，尤其还有一些特殊要求更是有较大的差异。因此，服务工作要做到全面照顾，满足不同要求。要做到高质量的服务，的确有一定的难度和复杂性。这对服务质量的管理也提出了更高的要求。

2. 直接性

直接性指酒店服务表现为"面对面的劳动形式"。酒店服务通过直接、及时、随机的对客服务体现出服务的质量与水平酒店服务人员对其劳务与技术服务的质量承担直接责任。这要求酒店服务人员具有较高的思想素质、业务素质，以及良好的观察与分析能力，能把握住店顾客的需要，提供恰到好处的服务。

3. 双重性

酒店服务具有物质服务和精神服务的双重特点。这两个因素中，精神服务占据了极为重要的地位。酒店物质条件的不足，有时可用富有地方色彩和趣味性的服务或服务人员的热情友好加以弥补。顾客的精神需求是十分复杂的，它们具有共性，例如对安全感、自信心、友爱、温情的需求和对满足好奇心、求知欲的需求等。对于这些具有共性的精神需求，酒店必须以安全、卫生、礼貌、热情、主动的态度和具有较高文化水平的服务来满足。顾客的精神需求千差万别，因此还必须针对顾客的心理，以灵活多变的服务来应对。

4. 应变性

酒店服务的过程中，不同的消费者对服务满意度的理解存在很大的差异。酒店服务人员必须根据顾客的心理需求和具体环境，积极主动地为不同的顾客服务，尽力做到个个满意，人人舒心。因此，酒店服务要适应不同的需要，提供满足不同顾客需要的服务，善于应变。

（三）酒店服务的现状与发展

随着现代社会人们出行活动日益频繁，酒店业的竞争也日趋激烈。人们对酒店服务的要求已经不单是一张舒适的床、一个流畅的网络、一份免费的早餐，而是对酒店的环境卫生、安全防范、服务质量和及时处理问题的能力等有了更多、更精确的要求。优质的环境设施和服务质量不仅能吸引客源，还能提高酒店的经济效益和品牌效应，使酒店在行业竞争中更具优势。

1. 酒店服务的现状

（1）酒店管理过程中的服务意识不强。酒店业是我国服务行业中与世界接轨较早的行业。随着改革开放的不断深入，我国酒店环境发生了巨大变化，酒店的硬件水平明显提升，许多新建酒店的硬件设施毫不逊色于发达国家的酒店，酒店服务水平也已达到较高的水平，但是酒店的投诉数量并没有随着服务水平的提升而减少。可以说，现阶段酒店服务的主要矛盾集中体现在酒店服务意识难以匹配酒店的硬件水平和满足顾客的服务需求。

（2）酒店服务缺乏服务质量管理架构和监控系统。随着我国酒店行业的快速发展，酒店的投资者和管理者也已经认识到自身有很多不足。酒店投资者和管理者越来越多地引进国外先进的管理经验和管理方法，一些基础设施的改造和专业人才的聘用也促进了酒店行业的发展。酒店管理者越来越清楚地认识到服务管理体系的重要性，一些酒店已经开始建设自己的服务管理体系，研究适合自身酒店实际情况的管理方法。但是从整体来看，我国很多酒店仍然受到管理者自身能力以及经济实力的限制，不能系统地引进先进的管理经验和管理方法，即便是引进了先进的管理经验和管理方法的酒店，其中绝大多数仍受限于管理者自身的能力和水平，没有形成具有自身特点、符合酒店发展规律的服务管理体系。在管理体系方面，酒店服务的管理工作还存在理不顺的情况。我国大多数星级酒店的服务质量管理监督工作由质量管理中心负责，这样的管理方式存在一定的弊端，易导致质量管理效率不高。质量管理中心在管理酒店服务工作时，由于自身并不直接参与酒店服务活动，不了解酒店的实际服务管理情况，在与各部门负责人进行沟通、处理各项服务问题时，会存在不方便直接查找问题、不方便直接提出整改建议的现象，从而导致酒店整改力度不足，酒店服务质量管理工作成效不足的问题。

（3）顾客意见反馈处理效果不佳。目前，我国大多数星级酒店都制定了顾客意见处理办法，但是在实践调查中却发现很多问题：一是在日常工作中，各部门服务人员通常只关注自身岗位职责的完成情况，在顾客意见收集方面缺乏主动性，通常在顾客提出意见后，才会进行收集、反馈和处理；二是相关部门为了避免因顾客意见受到责罚，只将一些影响不大、容易处理的意见进行上报，对于一些重大失误隐瞒不报；三是只有对于顾客一直关注且要求现场解决的问题，相关部门才会及时上报并予以处理，而对于一些只是提出了并未要求立刻回复的顾客意见，相关人员通常会延缓处理，这样的做法严重影响了顾客意见反馈的及时性，拖延甚至浪费了酒店提升客户期望值的时间。

（4）酒店员工整体素质不高。酒店员工素质不仅体现在服务技能、专业技能方面，还体现在职业道德、服务意识、创新意识等方面。酒店业属于典型的劳动密集型产业，在信息化、全球化发展的挑战下，酒店员工素质对酒店发展的影响更为显著。但目前中国酒店业的发展速度，对人才多样化的需求速度，远远快于院校、社会向行业输送合格人才的速度，酒店员工的来源也发生了很大的变化，以至于出现"良莠不齐"的情况。酒店从业人员的低准入和复杂性在一定程度上影响了酒店行业的工作氛围，造成行业内跳槽变得正常和随意化。从2017年开始，国家取消了前厅服务员、餐厅服务员、客房服务员、调酒师等资格考试，可以说酒店行业从原本就缺乏行业劳动力水平认证及准入体系变成了基本没有行业劳动力水平认证及准入体系，这也在无形中阻碍了酒店行业从业人员整体素质的提高。

2. 酒店服务发展趋势

近年来，随着社会经济水平的发展和人民生活质量的提高，顾客的需求日益个性化、多样化和复杂化，对酒店服务质量和管理水平的要求也越来越高，对客服务的针对性也越来越强，酒店业竞争日趋激烈。根据不同顾客的需求，满足顾客体验需求的酒店注重创新个性化服务，这是当前提升酒店竞争力的重要策略。现代酒店为迎合顾客日益变化的消费需求，应该以针对性、差异化、个性化、人性化的产品和服务来赢得市场占有率。同时在未来一段时间内，酒店业的发展趋势表现为酒店管理倾向人性化发展，服务标准更加多样化，互联网成为酒店营销的最大平台，信息化和智能化成为主流以及绿色环保概念普及等。

随着科技的发展，智能服务给酒店服务带来新的挑战。新兴科技确实开始影响酒店业，从聊天机器人到人工智能，从语言助手到机器人礼宾，再到智能酒店设施等，甚至还有全盘实现智能化的酒店。我国现代酒店业是使用信息数字化技术服务的先导行业。在服务过程中，酒店服务业率先使用信息数字化技术，提高了酒店的服务管理水平，提升了酒店的服务效率并能提供更加人性化的服务。但人工智能在酒店业创新和突破到什么程度了；相比原先的入住流程和硬件设施，有没有带来运营效率的提升；用户体验、需求和新技术的应用场景，该如何真正落地连接；酒店服务和酒店产品附加价值的直接关联是否发生变化……这些问题目前还没有明确的答案。

二、酒店服务运营管理

（一）酒店服务运营管理的内涵

对外行来说，服务本质上是无形的。购买服务不会导致实体产品所有权的转移：看电影时，你购买的是娱乐观赏的机会而非电影本身；去医院看病时，你只能寻求医生的建议而无法购买医生。从本质上看，服务是短暂的、体验性的。在日常生活中，我们消费的大多数项目实际上服务而不是实体商品。例如，公共交通服务、餐饮服务、银行服务等，都是顾客花钱购买服务或服务体验的体现。在许多情况下，服务商提供的活动会转化成无形的利益。传统意义上，我们把产品理解为有形产品的核心部分，几乎不考虑相应的无形部分。现在的企业不仅要关注有形产品带来的价值，还需要关注无形利益形式呈现的价值。

服务运营管理理论是伴随着西方管理学界对服务特征和服务管理的认识及理解而逐步形成和发展起来的。根据不同时期的研究内容和特点，该理论大致经历了四个发展阶段。

第一阶段：开创探索阶段，主要是从20世纪70年代到80年代初。这一阶段的服务管理研究主要集中在以制造业管理模式为基础的服务研究领域。学者们关注的是服务业的某些生产运作环节与制造业生产的相似之处，关于服务与产品的区别的探讨居多，而没有从根本上意识到服务业与制造业在管理方法上的差异，对服务问题的研究大多是描述性的。因此，这一阶段的理论研究成果在服务业上缺乏普遍的适用性。

第二阶段：初具雏形阶段，主要是从20世纪80年代初到80年代中期。这一阶段的研究不再停留在一般性的描述上，而是通过提出一些概念模型，让人们更好地理解服务和服务管理的特点，并出现了大量关于服务质量内涵和性质的讨论，理论界对服务质量有了新的认识。此外，管理学、心理学、运筹学等研究方法在服务管理中得到广泛应用，服务管理研究逐步呈现具体化、跨学科的发展态势，服务管理理论的轮廓已见雏形。

第三阶段：初步成形阶段，主要是从20世纪80年代末到90年代初。这一阶段以行业为基础的调查研究、案例研究为主，研究者倾向采用实证的研究方法对前人提出的理论和模型进行验证。服务管理理论的范畴被逐渐拓宽，与各个学科领域的结合也更加密切，研究的主题也越来越丰富，几乎涉及了服务管理问题的方方面面，如服务过程管理、服务设计、服务生产能力和需求管理等。

第四阶段：深入发展阶段，主要是自20世纪90年代至今。20世纪90年代以来，研究者们利用经济学、管理学、心理学、社会学、信息学等众多学科知识，不断检验和深化原有的理论。同时，由于统计技术和计算机技术的进步，定量研究成为20世纪90年代服务管理研究的一大特色。经过30多年的发展，服务管理理论已进入"顾客导向"阶段。由于许多研究过于从客户角度来研究问题，忽略了运营管理这一服务管理理论的基础，一些研究者重新关注传统的运营管理理论，促使服务管理理论更严谨、更有深度、更具有实践性。

结合相关学者的研究，服务运营是将人力、物料、设备、资金、信息和技术等生产要素投入变为无形服务的产出的过程。服务运营管理是指对服务业企业所提供服务的开发设计的管理，是对服务运营过程及其运营系统的设计、计划、组织和控制。服务运营管理就是通过无形的服务将有形的产品进行交付的过程的管理。酒店业是典型的服务行业，酒店服务运营管理就是通过对酒店各种无形服务的开发设计、组织和控制，将酒店有形的产品或资源进行增值，并进行交付的过程。

（二）酒店服务运营管理的主要内容

酒店服务运营管理的内容应包括完整服务项目和服务提供系统的设计，酒店服务运营活动计划、组织与管理，服务营销与服务运营的集成，服务提供过程中对质量、成本和时间的控制等，主要包括以下三方面的理论内容。

1. 酒店服务体验及感知

在服务体验及感知研究中，詹姆斯·赫斯克特提出了"战略服务观"。其核心是企业通过良好的运营战略和服务让渡系统给顾客提供高于企业运营成本的价值，从而获得相应的溢价，这是服务利润链理论的基石。后来，萨塞发现的顾客忠诚度与企业利润和成长的相关关系，以及伦纳德·施莱辛格发现的员工忠诚度和顾客忠诚度的关系给服务利润链提供了理论上的进一步支撑。詹姆斯·赫斯克特和他的同事将上述研究成果加以整合，最终提出了服务利润链理论。在服务利润链理论中，价值是核心概念，价值包括消费产品所带来的使用价值和使用过程中所产生的感受价值。一般来说，顾客对酒店体验价值利得或利失的认识，是顾客感知的利得或利失与顾客期望比较后的评价，即顾客体验价值包含了顾客感知价值和顾客期望的要素。根据相关调查资料显示，从顾客进入大堂登记、进入房间、就餐到退房的过程可以分为39个关键时刻，这些关键时刻的体验和感受将对酒店产生重要影响。

良好的酒店服务体验及感知并不是酒店服务决定的，学者们提出了服务接触中的服务组织、员工和顾客的三元组合理论。该理论认为，服务的特征之一是顾客主动参与服务生产过程，每个关键时刻都涉及顾客和服务提供者之间的交互作用，双方在服务组织所设计的环境中扮演不同角色。作为以盈利为目标的管理者，为维持边际利润和保持竞争力，会尽可能提高服务传递效率，常常利用规定或程序限制员工自主权和判断，从而限制了为顾客提供的服务，致使服务缺乏针对性并导致顾客不满。理想的情况是服务接触的三要素协同合作，从而创造出更大利益。服务接触研究提出了"组织文化"和"组织授权"的概念，认为企业文化是顾客选择的真正原因，因为企业文化有助于顾客确定服务的价值。在对员工的研究中发现，与顾客直接接触的员工应该具备灵活性，具备根据情境灵活改变行为的能力，特别是要具备能设身处地为顾客着想的品质，这种品质对员工而言比年龄、教育、知识、培训和才智更加重要。

2. 酒店服务流程开发与设计

酒店顾客需求是多样化的，因此需要通过调节服务供给，使其与需求相匹配。常用的调节服务供给的策略包括：实施弹性工作时间计划，围绕核心工作时段设计灵活的工作安排；提升顾客参与度，将酒店客人纳入服务的参与者和提供者；利用空闲时间提升高峰期服务能力，提前做好服务需求的准备，创造出可调节的服务能力；共享服务能力，最大化利用服务设备和设施的闲置时间；交叉培训员工，使其能在多个岗位上工作，以满足业务高峰时的需求。

在酒店服务供给管理中，排队等候服务是一个关键环节。例如，在节假日期间，酒店入住率激增时，大堂常会出现长队等候办理入住的现象。顾客的等待行为可能严重影响其体验，破坏本应完美的服务流程，导致顾客流失。虽然在任何服务系统中，排队等候都是难以避免的，但排队管理是酒店服务运营管理中的重要组成部分。研究表明，通过使等待过程更加有趣、针对不同顾客类别实施差异化处理、增加自动化设备、模糊顾客的等待感知等手段，可以有效解决排队问题。随着环境的变化，酒店也在重新设计原有的服务流程，以适应发展趋势和满足顾客需求。

3. 酒店服务质量评估

酒店服务质量评估是在服务传递过程中进行的。顾客与服务人员发生接触时通过服务感知与服务期望相比较来评判服务的优劣，而顾客的期望又受到口碑、个人需求和过去经历的影响。当服务感知超出期望时，顾客会表示高兴和惊讶；当服务感知没有达到期望时，服务注定是不可接受或失败的。按顾客对服务质量评价的相对重要性，由高到低确定服务质量的五个基本方面：可靠性、响应性、保证性、移情性、有形性。顾客在接受服务的过程中，一般会从上述五个方面将预期的服务和接受的服务相比较，最终形成对服务质量的判断。酒店应加强对其服务质量的监控，以检测酒店服务运营各方面工作的实施效果。

（三）酒店服务运营管理的意义与重要性

毫无疑问，服务业在国民经济发展中具有非常重要的地位和作用。从宏观角度来说，服务运营管理的效率对一个国家国民经济的发展具有重要作用，而且这种作用越来越强。

服务运营管理的好坏，对服务业企业的竞争力有直接的、决定性的作用。酒店要生存和发展就必须盈利。酒店顾客只会关心酒店所提供的产品和服务对他们的效用（如价格、质量等）。从这个意义上来说，酒店和酒店之间的竞争最终必然体现在企业所提供的产品和服务上。而酒店产品和服务的竞争力，很大程度上取决于运营管理的绩效，即如何更好地实现降低成本、保证质量、控制时间和提供周到的服务的目标。时代快速发展，酒店行业瞬息万变，运营管理水平的高低直接决定着酒店的命运。

酒店服务运营管理是酒店价值创造的重要环节。酒店服务运营管理涉及一系列旨在改进过程的活动，将输入的资源转化为输出的产品和服务。这样的转化过程应该以顾客的需求为核心，以产出能够满足人们某种需求的服务。该转化过程需要投入相应的资源，即获取产品或服务所耗费的成本，并经过一定的转化实现价值的提升。在个性化要求越来越高，同时消费者追求良好体验的需要越来越强烈的趋势下，为顾客提供良好的服务，并提升酒店产品的价值对企业发展越发重要。所谓良好或优质的服务，有很多具体的含义。例如，所提供的服务是否是顾客所需要的？提供服务的时间与顾客希望的时间是否一致？服务的定价是否能使顾客接受？顾客在接受服务的过程中是否感受到了愉快？等等。解决这些问题需要依托于服务运营管理的理念和策略。鉴于服务运营管理的特殊性，服务行业的企业必须探索并采用创新的管理方法来经营自身的服务，以应对市场变化和满足顾客需求。

第三节 酒店管理的基础理论

现代酒店管理理论是在管理学的基础上发展起来的，是以管理学作为理论基础，结合现代酒店管理本身的特点而产生的新的管理系统分支。作为对管理学的继承，现代酒店管理理论延续了管理科学理论体系中三个主要学派的思想，即科学管理理论、行为科学理论和管理科学理论。科学管理理论主要研究管理组织的问题；行为科学理论主要研究管理中的领导协调问题；管理科学理论主要研究管理计划决策问题，并对领导控制问题有所发展和创新。

科学的现代酒店管理应建立在对管理科学理论体系这三大分支学派的灵活运用的基础上，从系统的角度对这三大管理思想进行整合，并由此形成新的以现代酒店管理为实践基础的系统管理体系，以指导具体的现代酒店管理工作。

一、科学管理理论

科学管理理论形成于19世纪末20世纪初。科学管理理论旨在解决原来家庭式的经验性管理所带来的弊端，它倡导并推行管理的制度化和标准化，从而与原来的经营管理模式形成一个对立的体系。科学管理理论的主体框架应该包括科学管理的目的、科学管理的方法和科学管理的制度基础三个基本方面：第一，科学管理的目的。科学管理的目的就是谋求工作的高效率。服务管理的最高目的在于获取服务项目的理想利润，而利润的获得取决于现代酒店管理质量的高低和运转速度的快慢，两者决定了现代酒店管理工作效率的高低。第二，科学管理的方法。酒店服务部门在经营管理过程中会碰到各种各样的问题，既有部门内部和酒店内部的，也有酒店外部的。这些问题共同构成了酒店服务系统管理框架的若干节点，因此必须用科学的思想和科学的方法来解决这些问题，应该强调用精确的科学调查研究和科学知识来代替个人的主观判断和意见，并据此形成科学的解决方法。第三，科学管理的制度基础。科学管理就是制度管理，也就是用各种以服务管理本身特点为基础的制度、规范、规定和条例等来取代管理者个人的主观想象和主观经验，消除管理中的随意性和非规范性。

科学管理理论对现代酒店管理的基础理论体系有很大的理论影响，主要反映在以下四个方面。

（一）标准化原理

1. 工具、设备、材料、作业环境的标准化

为了让酒店员工达到更高的服务工作标准，管理者需要确保员工掌握标准化的操作流程。同时，管理者应根据这些标准化流程的要求，对员工使用的工具、设备、材料以及工作环境进行标准化。

2. 工时定额化，操作标准化

为了提升酒店员工的服务效率，实施工时定额化和操作标准化成为必要措施。首先，需要挑选合适的员工，对他们的每个操作和动作以及完成每一工序所需的时间进行精确记录。通过观察和分析，消除不必要或不合理的环节，将最经济且效率最高的操作汇总起来。在此基础上，制定各岗位的标准操作流程和工时定额，并以此训练员工，确保他们遵循工时定额进行工作。此举不仅能够明确员工在规定时间内应完成的工作量，还摒弃了基于管理者主观印象评估员工工作量的做法，有利于提升生产效率。

在现代酒店管理中，标准化原理具有极高的应用价值，其主要包括以下内容。

①统一原理：在一定时间和条件下，确保标准化对象在形式、功能或其他技术特征上的一致性。

②简化原理：对于具有同等功能的标准化对象，当其多样化超出必需范围时，应消除冗余、可替代和功能较低的环节，以保持其精简和合理，实现最优功能。

③协调原理：在一定的时间和空间内，保证标准化对象的内外相关因素达到平衡或相对稳定。

④选优原理：在追求标准化目标时，从统一、简化、协调的各种方案中选择最佳方案或解决方案。

这些原理相互关联、相互依赖，共同体现了标准化活动的规律性。标准化不仅关乎统一化的实质和优化的目标，而且简化和协调是实现优化的关键手段。

标准化原理在现代酒店管理的各个方面都有广泛应用。从服务流程到工作量的确定，从设备的统一和标准化到服装、建筑风格乃至色彩的和谐统一，处处体现了标准化的原理。它已经超越了简单劳动和重复劳动的领域，广泛应用于酒店服务形象塑造等多个领域。

（二）职能制与例外原则

职能制是根据分工原理实行职能分工，把管理职能和执行职能分开，以有效的监督体制来保证工作的顺利实施。管理工作实行"职能制"，即要使每个管理者只承担一两种管理职能，同时每个管理者对员工都有指挥权和监督权。实践表明，虽然这种多头领导的职能制不太科学，但是这种职能管理思想对于职能部门的建立和促使管理人员专业化有着非常重要的意义。

例外原则是指酒店领导人员把管理工作中经常发生的一些事情制定成标准化处理流程，使之规范化，并授权给下级管理人员处理；而自己主要处理那些没有规范的工作，并保留监督下属的权力。这样做既有利于调动下级管理人员的积极性，提高工作效率，又不使自己陷入烦琐的具体事务中，能集中精力研究和解决重大问题。这种例外原则对实行分权制有重要意义，也是每一个管理者应遵循的一条重要原则。

（三）岗位制度与团队协作

酒店服务员素质的提高主要依赖于有计划的培训措施。酒店领导者通过岗位分析制定相关岗位的工作标准，并以此为基础对员工进行相应的培训，这是提高员工工作能力的重要途径之一，也是酒店提高竞争力的一个重要法宝。同时，酒店还应按照团队精神的要求来组合工作人员，使员工能协调一致地完成既定任务，这是酒店提高服务管理效率的必然要求。

（四）按劳取酬与定量工资制

按劳取酬是管理科学的重要原理之一，旨在鼓励酒店员工达成或超出工作定额。因此，酒店应该实施一个激励性的、有层次的薪酬制度。对于那些完成或超额完成工作定额的员工，应以更高的工资率发放薪酬；而对于未能完成工作定额的员工，则应采用较低的工资率。

科学管理理论对现代酒店管理有着极其重要的影响。它不仅关系到基本的管理理念和方法，还涉及人力资源的有效配置、服务质量的控制、服务组织和设备物资的管理等方面。我国的现代酒店管理实践，从作业研究、标准化开始，逐步发展成熟，通过建立健全的规章制度和合理组织各项服务活动，已经步入了科学管理的轨道。

二、行为科学理论

行为科学理论是在现代酒店管理中得到重要运用的管理思想之一，它强调从员工的行为出发，采取相应的激励、控制和组织措施。

（一）动机激励原理

动机激励原理是行为科学的核心。它认为：工作实绩＝能力×动机激励。员工在服务活动中的主动性、积极性和创造性的充分发挥是提高酒店经济效益的主要途径。它提倡管理人员应经常地、有意识地探讨如何从"人之常情""角色心理"及"个性心理"中寻找最佳突破口，采取相应的措施和方法，使员工能在新的环境条件刺激下产生新的内驱力，从而实现有导向的动机激励。因此，关心和改善员工的生活待遇与工作条件，按劳计酬，把酒店发展的成败与员工的个人利益紧密联系在一起，让员工参加全面服务质量管理，并鼓励员工对酒店的服务管理提出建议和意见，都是产生动机激励的行之有效的方法。

（二）行为控制原理

行为控制原理认为，人的行为在发展初期是可控的，人是懂得如何约束自己行为的。行为控制原理认为，实际行为控制有两种形式：①从认同与依从角度出发的他控。认同是出于对领导或上级的好感或信赖感而去执行某个决定或按一定的规则来约束自己的行为。

感情因素作用是认同的决定性因素。依从则是出于行为结果所可能导致的赏罚预料而被动地去实施某种行为或约束自己的行为。它是一种被动的行为、可靠性不高。②从内在角度出发的自控。自控是在思想完全相同的基础上实现把"上级对我的要求"变成"我对我自己的要求"这个心理活动的转化，在"我觉得我应该这样做，必须这样做"的前提下有意识地进行自我指导与自我约束。这是一种较高级的、可靠性高的行为控制。

行为控制原理强调：①思想工作必须做在前头，惩罚是一种不得已的消极措施；②既要注意从主观上对行为动机进行分析，又不能忽视客观上工作环境对人们行为的影响；③行为控制是一个动态的发展过程，要跟踪受控后的发展并根据反馈信息继续施加影响。

（三）组织与指挥原理

组织与指挥原理从社会心理学的角度出发，对服务管理活动中人与人之间的关系进行分析，并通过大量事例的阐述来论证以下几个观点。

1. 组织领导机构

酒店服务组织建设应有一个工作效率高、适应能力强、信息系统完整、反馈控制系统健全、有各种委员会会议监督顾问的组织领导机构。酒店行政机构应是一种"树形"的层次结构，各层结构有明确的分工和管理体制。

2. 人才开发与培养的重要性

组织与指挥原理认为智力投资与人才培养是事关酒店生存与发展的大事。酒店除提供经常性的员工文化技术培训外，还应该注意管理干部、技术人员的知识更新。知识更新应坚持从工作需要的角度出发，综合考虑员工的能力、性格、思想表现，用其长，避其短，不断挖掘酒店员工的各种潜力。该原理提倡（建议）从事业心强、富有开拓精神、喜欢钻研、实事求是、善于取长补短、团结群众、工作效率高、业务内行的人员中选拔各层级的管理人员。

3. 指挥、协调的艺术

组织与指挥原理认为指挥人员需要有较高的战略眼光与较强的战术观念，在酒店的服务目标、方针政策与具体措施的实施过程中善于分析问题，抓主要矛盾，并能进行相应的指挥与协调工作。这就要求指挥协调人员严于律己，以身作则，以利指挥和协调见成效。该原理要求酒店领导者善于用人，关心员工，注重下级乃至员工的建议和意见，调动一切积极因素，以保证服务目标的实现。

三、现代管理理论

科学管理和行为科学是企业理论中对生产过程中的物和人的管理的革命。20世纪中期以来,社会的发展使企业的状况和社会环境都发生了极大的变化,管理理论也随之不断发展,并由此产生了现代管理理论。现代管理理论建立在两个基本前提之上:一是认为企业管理是建立在三个因素之上的,即人的因素、物的因素和环境的因素,从而把企业从封闭的系统转到了开放的系统,管理的重点从内部管理转到了经营上;二是认为企业和环境都是不断变化的,管理也要适应这种变化而不断地做出相应的变化。现代管理理论主要包括系统论、信息论、控制论和运筹学法。

(一)系统论

按系统论的观点,现代酒店管理就是要把酒店的内部条件与外部条件相结合、当前利益与长期利益相结合、定量分析与定性分析相结合,在系统与要素、要素与要素、系统与外界环境的相互联系、相互制约的关系中,考察问题,处理问题。对于酒店而言,酒店与各部、各部与各部之间以及各部与各要素之间都是分工协作、共同适应外界环境、一起完成任务的一个有机整体。

在现代酒店管理活动中应用系统论,可使现代酒店管理中的复杂关系条理化,使酒店的服务管理活动成为有秩序的系统,从而厘清现代酒店管理中的各种联系,使管理者能正确地认识和掌握整个现代酒店管理活动的运行规律。

系统论运用"系统"的观念从全局和整体上来研究酒店的服务与管理问题,认为酒店的服务与管理是一个极其复杂的管理系统。现代酒店管理系统的特征有以下四点。

1. 相关性

相关性主要揭示系统内部要素与要素的关系。服务管理作为一个系统是由各要素组成的,各要素的相互作用决定了系统内部的联系、结构和功能,从而也就决定了系统的性质。系统中各要素是相互关联的,任何一个要素在系统中的存在和有效运行都与其他要素有关。一旦某一要素发生了变化,势必会引起其他要素的变化。系统中各要素功能要相互匹配,不能适应这种匹配的要素功能会被系统所淘汰。管理中不能就事论事,要全面考察各要素的变化情况,使系统中的各要素在新的状态中达到匹配。

2. 整体性

整体性主要揭示要素与系统的关系、局部与全局的关系。整体性包含两层含义:要素不可分和功能膨胀。酒店作为一个系统,至少由两个要素(或称子系统)组成,要素和系统不可分，由要素合成的系统在功能上有新的拓展。因此，酒店服务系统发挥的作用和功效要以整体来衡量，不能脱离系统去孤立地认识、评价事物。

3. 有序性

有序性主要揭示系统结构与功能的关系，即系统的功能是由系统的结构所决定的，有什么样的结构就会产生什么样的功能。有序性可分为空间排列的有序性、时间排列的有序性和逻辑关系的有序性。酒店作为人工系统，其有序性表现在：第一，目的性。人造系统都有明确的目的，如现代酒店管理系统的目的就是合理地利用酒店的服务资源，争取服务效益和酒店整体效益的最优化。而这个目的又有序地表现为确定最终目标，达到总目标中每个特定阶段的中间性目标和任务。第二，秩序性。任何事物的发生发展都有必然的秩序和因果关系，管理就要根据事物的内在联系及其规律有序地进行。在现代酒店管理中，即使有足够的服务资源，如果对它们使用不当，造成系统有序程度降低，结构紊乱颠倒，就不能发挥它们应有的功能。第三，规则性。酒店的服务管理在实践中一般表现为各种制度、程序、流程、要领，这些规则是对有序性的理论概括，必须坚持。

（二）信息论

在酒店服务系统的运行中，除物资和客人的流动外，还有信息的传递。从某种意义上讲，现代酒店管理既是对信息资源的利用，又是对酒店信息系统的管理。因此，对酒店服务实行现代化管理，就应了解和掌握信息论。根据信息论观点，现代酒店管理系统是一个信息流通系统，这个流通系统是由信源、信宿、信道、信息所构成的。现代酒店管理人员通过服务信息流通系统获取信息后，要进行认真的判断、分析和处理，并根据这些信息的处理情况采取相应的措施，确定方案，做出决策，发出指令，有效地组织和指挥酒店服务系统的各种活动。

现代酒店管理中的各种决策均为信息与知识的综合应用所产生。缺乏信息，酒店管理者就无法做出正确的决策。对于现代酒店管理来说，每项决策本身也转化为新的信息，体现为指令、指标、计划、方案和措施等形式。实际上，酒店服务决策的执行，本质上是信息在酒店的信息流转系统内的流动过程。

酒店服务信息构成了服务管理各机构与人员之间交流与协作的基础。例如，当酒店与旅行社合作接待团队时，旅行社提前将相关信息传递给酒店，以便酒店按时准备好客房和餐饮。在这个过程中，旅行社是信息的发送者，酒店是信息的接收者，而传递信息的媒介是通信设施。同样，前台将住宿登记信息传输至餐厅，餐厅据此准备相应的餐饮服务。

（三）控制论

现代酒店管理中的控制就是采取某种措施，对复杂的现代酒店服务系统及其经营活动进行控制，使其按照预定的目标进行工作，以达到预期的结果。因此，现代酒店管理中的控制实质上就是对酒店服务系统的控制。

酒店服务系统控制的实质是以决策目标和具体计划为标准，考察过去的行为，使酒店服务系统的行为按照最佳路线和进程向预定目标的方向发展。

构成酒店服务控制的基本要素有：①预定的目标、计划、标准、政策、规范等，现代酒店服务的目标和计划是酒店服务系统控制的依据；②对酒店服务计划的执行情况，要用定性分析和定量分析的科学方法；③准确、及时地校正偏离酒店服务计划的行为。

根据酒店服务系统控制的三个基本要素，现代酒店管理中的控制有预先控制、现场控制和反馈控制三种控制方法：①预先控制是指防止将要投入的人力、物力、财力资源在质与量上发生偏差而采取的措施。人力资源要适应酒店组织结构中发展酒店服务计划的需要；物力资源要符合酒店服务发展的质量标准，及时供应；财力资源要有能自行动用的足额资金。②现场控制是指服务管理者按事先制定的标准，指挥和监督被管理者进行工作。管理者下达的指标是否合理、明确，与整体目标是否一致等决定了现场控制能否见效。因此，管理者的水平和能力对现场控制起决定性的作用。③反馈控制是指管理者通过信息的反馈，检测活动中实际与标准的误差，并对实际进展采取修正措施，进行调整的活动。反馈控制强调及时、迅速。它可分为局部反馈（或称逐步反馈）控制和全部反馈控制两种形式。管理活动一旦开始，控制活动亦随之开始，局部反馈控制就必须立即跟上，及时收集反馈回来的信息，随时检测误差，并采取校正措施。完成任务后的分析报告，是最全面的信息反馈，但它只能对下一个循环起指导作用，对已完成的循环过程无效。

（四）运筹学法

运筹学主要是通过定量分析的方法来研究各种计划、决策问题。

1. 规划论法

运用数学方法对目标函数和约束条件的关系进行研究，从而确定如何统筹安排，并合理调度人员、设备、材料、资金、时间等。线性规划的研究对象方法有两类：一是任务确定后，如何统筹安排，以最少的人力、物力资源去完成它们；二是人力、物力资源的数量确定后，如何统筹安排，使一定的人力、物力资源完成最多的任务。

2. 排队论法

排队论法也称随机服务系统理论。它主要研究拥挤和排队现象，并用于计算服务设施的最优数量。具体而言，它旨在确定公共服务系统中应设置的设施数量。一个排队系统通常由以下三个要素构成：潜在顾客、排队队列和服务设施。因此，在考虑排队系统时，应从三个方面进行分析：服务设施的配置、顾客的排队规则（如先到先服务、优先级服务或随机服务）及服务时间的长短。

3. 库存论法

库存论法研究的是仓库储存问题。它是研究如何解决库存物品的供求矛盾以确定最佳库存量的方法。库存方法应根据需求方式来确定。

4. 决策论法

决策论主要涵盖以下基本要素。首先，它强调将酒店的服务组织结构、职能与决策相结合，其中，决策是由酒店服务组织中的众多个体和集体共同形成的。其次，决策构成了酒店服务资源管理活动的核心。再次，服务决策应被视为一个连续的过程，而非单一简单的行为。最后，决策应遵循以下原则：信息准确原则、预测先行原则、可行性论证原则、系统整体性原则。

5. 权变理论法

权变理论法强调应变。它根据酒店服务系统所处的不同环境，采取不同的、能适应酒店发展的管理方法。权变理论采用大量事实和典型例子进行研究和概括，把千变万化的方法归纳为几个基本类型，从而提出每一类的管理模式。

四、微观服务管理理论

酒店微观服务管理是针对微观的酒店服务行为所进行的管理活动。微观服务管理理论包括以下几个方面。

（一）酒店服务质量管理理论

质量管理源自制造业的生产管理技术，于20世纪80年代传入中国，之后逐渐由制造业渗入服务业，并首先在酒店业取得成效。社会经济水平的稳步提高促使旅游业迅速发展，促进了服务消费意识的复杂化、多样化和多层次化。在人们对服务质量的认识、理解水平提高的同时，人们也对服务质量提出更高的要求：由低需求向高需求方向发展，由物化技术层面向精神方向倾斜。

在此背景下，服务质量的管理成为酒店管理的核心内容。具体而言，服务质量因素分析是质量管理的基础性工作，期望和差距管理是服务质量管理的有效分析模型，全面质量管理是服务质量管理的核心，服务质量评价和监控体系是服务质量管理必不可少的环节。

（二）酒店服务组织管理理论

1. 服务评价理论

应当承认，酒店服务评价的最终决定者是宾客。但由于宾客评价的主观性及由此产生的不稳定性在所难免，因此，服务提供者和服务组织对服务的评价也很重要。例如，有的酒店给因受客人误解或遇到故意找碴儿的客人而受到责骂的服务员颁发"委屈奖"，正是一种在承认宾客评价确定性的前提下对服务的"二次"评价。这种做法既能避免服务人员热情的衰退和服务愿望的减退，也体现了"顾客至上，员工第一"的管理哲学。因此，要使服务评价科学化、合理化，并兼顾各方的利益，必须建立由宾客评价、服务者自我评价和服务组织评价三方组成的评价体系，以此分析并制定与各种服务评价相对应的管理策略。

2. 服务规范理念

服务规范是指服务提供者为确保服务工作效率和服务质量而制定，并要求全员遵照实施的一系列有关操作规程、员工手册、服务标准等的制度性文件。它是一种行为规范，是服务管理不可或缺的工具。

同时，由于服务因人而异的本质特征以及服务组织制定规范的目的、范围、对象和特性的不同，使得服务规范并不存在一个固定的模式。否则这个规范就是僵化的、不能适应内外环境因素变化的文字材料而已。因此，纳入服务规范的是酒店服务的基本部分或必需部分，即可以获得宾客相对客观评价的部分，如服务必备项目、操作标准和基本程序等。个性需求的多样性、多变性及无止境的特征，使得无论多么详细的规范都有一定的局限性。而且个性化服务是无法也不能被列入服务规范的，因此，实现遵照服务规范和发挥服务者个人能力的互补互动显得尤为重要。

3. 服务组织革新

技术变革的动力和满足宾客个性化需求的压力推动着服务组织的革新，以适应外界不断变化的情况，跟上时代进步的潮流。服务组织革新从总体上属于创新理论的范畴。

（三）服务引导原理

服务引导是指服务提供方将宾客的需求转换成一种适合于自己应对的形式或状态，

主动促成宾客充分利用服务者一方已经准备好的服务项目及内容。服务引导与期望管理的区别在于前者是通过分析，主动创造一种宾客需求状态，使其心理需求发生良性转变的行为，宾客在主观上是愿意的；后者虽也是主动地调整宾客期望，但在实际操作中较难做到，也不一定能得到宾客的响应。

由此可以看出，服务引导的根本在于它不是强制，而是促成引导对象的自发选择。如何才能做到服务引导，从而实现服务组织的管理意图呢？

首先，服务引导要与宾客需求相适应。引导成立的基本条件是宾客有这种行动的愿望（只不过这种愿望有时没有通过正当的途径表达出来），否则引导是无效的。

其次，要在一种良好的环境氛围中加以引导。正因为是引导而不是强制，所以要创造出一种环境气氛及状况，使宾客较容易地按照服务提供者的愿望采取自然而然的行动。环境氛围包括保证宾客的自主性、参与性和愉悦感，还包括诸如声音、光线和色彩的搭配等物理氛围及人与人之间的心理氛围等。

最后，要充分发挥服务提供者的个性和主观能动性。对宾客进行怎样的引导，各人有各人的方式，不可强求一致，应因人、因时、因地制宜。

将"引导"概念融入服务管理，能够激发人的主观能动性，从而使服务变得更加主动而非被动，即实现主动服务，而非仅在客人提出需求后才作出反应。在这种理念指导下，"超前服务"意识得以形成：客人未曾想到的，我们已提前考虑；客人已经考虑的，我们已经实现。这种服务理念源于引导原理。在质量管理、组织管理及服务引导各方面，都应实施"以人为本"的管理原则，把这一原则作为服务管理的核心理念贯穿于管理的各个层面，以确保服务管理取得切实成效。

（四）服务心理理论

宾客是酒店服务消费的最终决策者，决定着服务产品价值实现与否，并影响着其后的服务消费。因此，宾客心理处于酒店服务心理研究的核心地位，服务心理理论的主体是消费者心理原理。

1. 基于心理原理的酒店服务类型

受马斯洛需求层次理论的启发，按照消费者对不同服务的心理需求，酒店服务可大致分为功能性、心理性和复合性三类。

所谓服务的功能性是指宾客对具体物质产品的基本需求，如提供服务所必需的服务设施以及满足基本生理需求的服务。服务的心理性是指宾客对具体物质产品的需求是相同的，但对这种产品的服务环境和服务方式有特定的需求，如中国人和美国人都喜欢吃中餐，但美国人要求有英文打印的菜单，要求服务员最好还能用英文交流。服务的复合性是指功能性与心理性的结合，大部分服务活动属于此类，并因两者的复合形式、复合比例不同而有种种差异，因此组成了复杂、种类繁多的服务项目和服务类别。从宾客心理需求角度对服务进行分类有利于服务提供者对不同需求的服务消费采取不同的服务方式，从而在最大限度上满足消费者的心理需求。

2. 服务消费者心理原理

服务消费者都有各自的心理角色定位。作为个体，消费者具有人们共同的心理特征，如知觉、人格、态度等；作为消费决策者，由于消费者不同的消费经历和消费约束条件，相应地会表现出不同的消费心理特征。将两种角色融合起来加以考虑，可更好地把握服务消费者的心理。

（1）知觉与消费决策。知觉是直接作用于个体感觉器官的客观事物的总体在消费者头脑中的反映。由于主观和客观因素的影响，不同的人对同一事物的知觉在完整性和准确性上往往是不同的。知觉对消费决策的影响主要体现在知觉的选择性和理解性上。前者是指消费者在一定时间内并未感受到所有刺激，而仅仅能够接受引起注意的少数刺激物；后者指消费者对刺激物的感知是一个筛选过程，这一过程往往是根据个人以前的消费经历理解消费对象并进行取舍。

（2）学习与消费决策。现代酒店消费者正日益走向成熟，他们对酒店服务的知觉是建立在学习的基础上的。他们不断地学习，并通过学习掌握知识，积累经验，为消费决策作准备。面对日益"精明"的消费者，酒店应完善服务产品，强化售后服务观念（服务反馈），一方面这能打消消费者对服务的疑虑心理，满足其多方面需求，从而增加消费；另一方面也是为了更好地适应竞争激烈的服务消费市场。

（3）需要、动机与消费决策。现代酒店消费者的消费需要呈现出更注重精神需要、个性化需要的特点，并在此基础上产生不同的消费动机。相应地，酒店在服务产品的开发和服务市场的拓展上也要考虑到这些特点，以满足现代消费者的需要。

（4）人格与消费决策。人格又称个性，用于表示区别于他人的心理特征。不同的人格类型（自我中心型和他人中心型等）、同一个人的不同人格结构（"儿童自我""父母自我"和"成人自我"）对消费的影响颇大，有时甚至是决定性的。这就要求我们针对不同的消费者人格进行正确的引导，并促使其做出消费决策。

（5）态度与消费决策。态度是个性倾向性中的一个重要成分，由认知、情感和意向三种因素组成并影响消费者偏好的形成。酒店要想使消费者做出购买决策，应从改变消费者对服务的无偏爱或偏爱程度低的态度入手，包括对服务产品进行创新，加大新产品的宣传促销力度，等等。

3. 个性化服务中的心理原理

标准化和个性化相结合的服务是实现优质服务的前提，尤其是后者，作为心理性服务的一部分，已成为高星级酒店体现竞争优势的主要因素。心理原理在个性化服务中主要体现在以下两个方面。

（1）马斯洛的需要层次论。人对个性化的需要对应于该理论的第四层："承认与尊重"。在满足了基本需求和"归属感与被爱"的愿望之后，个体将不再满足于仅作为群体中的一员。此时，他们渴望在社群中获得更高的地位，赢得他人的认可与尊重。这种需求位于需求层次的第三层（归属感与被爱）与第五层（自我实现）之间，充当两者之间的桥梁和联系。这种对承认与尊重的需求越来越普遍，并且与个人的满足感密切相关，从而揭示了客人对个性化服务的需求状态。

（2）赫茨伯格的双因素理论。该理论认为每个人身上都存在两组相对独立的"需求群"，它们对人的行为方式的影响是截然不同的。第一组为机能需求，与其劳动环境相关，如经济条件、人际关系、噪声、光度等。这些条件得不到满足，人就会产生不满情绪；但仅仅是这些条件得以满足，也不能保证人们总体的满足程度会提高。另一组为情绪需求，是关于成功及成功的认可以及受尊重等方面的需求，当这些愿望得到满足时，人就会表现出满意感。

可以看出，个性化需求与"承认与尊重"的需求具有很强的关联度，共同点在于都在"赶走不满"的同时"获取了满意"。了解了这些能够激发人们满意的因素和条件，对有针对性地提供个性化服务以提高宾客的满意程度具有一定的理论指导意义。

（五）服务的制度理论

酒店服务具有特殊的制度结构，这些特点是由服务作为特殊属性的使用价值的本质所决定的。酒店服务的制度理论主要体现在以下两个方面。

1. 所有权特性原理

作为运动形态的酒店服务是没有静止的性质的，因此它不能被"占有"。因为服务实际上是经济要素的使用过程，所以只体现为使用权。当消费者购买酒店服务后，他就不能将此服务再给第三者。实际上，服务作为一种体验和经历，消费者也无法转让或再出售。总的来说，服务无论是作为社会财富还是作为交易对象，它没有占有权和与占有权相关的其他权利。

2. 组织制度特性原理

组织制度主要指企业的组织方式，制度变化则直接引发组织方式的变化。酒店服务的制度变革或制度创新有两个前提条件。

（1）增加酒店服务消费者在服务过程中的参与程度。前面提到，酒店服务存在"主体状态变化"的问题，必须借助消费主体的参与。消费者参与有两种形式：一是把本应由服务人员提供的劳动转化为宾客自己的活动，如餐厅的自助餐；二是消费者和服务人员的双向互动和交流沟通，在此过程中消费者不断地把自己的想法、意愿传递给服务提供者，以使服务及服务的提供方式不断地向符合消费者要求的方向调整、逼近乃至吻合。这两种形式的选择应视情况而定：当消费者更重视服务的结果而不是过程时，前者较为有效；当消费者把服务看作一种过程而不单纯追求结果时，后者更符合他们的需求。

（2）在服务标准化的基础上提高个性化程度。服务具有不同于一般商品的特性，它是不能完全标准化的。酒店服务的制度安排往往就是在标准化和个性化之间进行权衡。个性化服务成本较高，对服务人员素质的要求也高，但收益也大。就酒店业而言，级别越高的酒店个性化程度就越高，但总的趋势是在做好服务标准化工作的同时，向个性化乃至超个性化的方向发展。

第四节　当代酒店管理的基本职能和方法

一、酒店管理的基本职能

（一）酒店的计划职能

1. 计划的含义

简单地说，计划就是酒店预先决定做什么、如何做、何时做和由谁做，即计划的前提是决策，决策的结果是形成计划。因此，计划职能就是指酒店通过周密和科学的调查研究，分析预测，进行决策，并以此为基础确定未来某一时期内酒店的发展目标，同时规定实现目标的途径和方法。因此，在酒店管理中，首先要有科学合理的计划。

2. 计划的作用

（1）确立酒店统一行动的目标。酒店管理者和员工分布在各个不同的部门工作，他们一般都非常关注自己所在部门的利益，不太考虑酒店整体的利益，而有一个完整的计划，则可以帮助他们了解酒店的整体利益，增强其全局观念。

（2）充分利用酒店的各种资源。计划职能可以使酒店对所拥有的人、财、物等资源进行合理组合与调配，使人尽其才，物尽其用，并减少人力、物力、财力的浪费，从而形成尽可能大的接待能力，实现酒店效益最大化。

（3）增强适应环境变化的应变能力。计划职能在确定酒店目标的同时也规定了实现目标的途径和方法。这些途径和方法充分考虑了酒店内外环境的变化及其趋势，使酒店在市场竞争日趋激烈、顾客需求日益多元化的环境中求生存，图发展，变被动为主动，增强了酒店的应变能力。

3. 计划的类型

按照不同的分类标准，酒店计划可分为不同的类型，最常用的是按时间分类和按范围分类。

（1）按时间分类。按时间分类，酒店计划分为长期计划、中期计划和短期计划。长期计划是指酒店在较长时期（一般在三年以上）内对酒店发展方向、规模、设备、人员、等级等方面的战略性、纲领性计划。由于计划期较长，未来存在大量的可变因素，所以长期计划不宜过于具体，应符合"远粗近细"的计划原则。

中期计划是计划期在一到三年的计划。中期计划中，年度计划的制订较多。年度计划是指酒店具体规定计划年度内各部门、各阶段的目标和任务的计划。它是酒店全体员工在计划年度内的行动纲领和依据，是酒店最重要的计划。

短期计划是指酒店以一个季度（季度计划）或一个月（月度计划）为期限对酒店各种工作所做的具体安排。它是年度计划的具体化展现，是酒店员工的执行性计划，应尽量详细、具体、明确，并具有可操作性。

（2）按范围分类。按范围分类，酒店计划可以分为酒店总体计划和各部门的分类计划，即部门计划。

酒店总体计划是指确定整个酒店目标和任务的综合性计划。它包括酒店计划目标的制订、目标的分解及说明、计划的实施过程及保障措施等内容。

部门计划是指酒店内各部门为实现酒店的总目标而制订的本部门在计划期内需要完成的具体目标和任务的实施性计划。部门计划的制订是以酒店总目标和政策为指导方针的，包括部门的具体目标、实施细则等内容。

4. 计划的制订

制订计划是管理的基础。酒店制订计划必须充分考虑酒店的各种内外信息，并整理和分析收集到的信息。在此基础上，管理者制订酒店计划草案供有关人员讨论，并根据讨论意见对草案进行反复修改，使之更可行、更具体。当酒店相关人员对计划草案达成共识后，可把可行的计划确定下来，作为日后工作的依据。

5. 计划的实施

编制计划的目的是使酒店所有管理者和员工实施计划，实现计划目标。计划的实施分计划的执行和计划的控制两方面。

（1）计划的执行。酒店一旦确定计划，就应将计划按部门、阶段层层分解，逐一落实到部门、班组、员工；甚至分解至酒店业务活动的淡季、平季、旺季或月、周等。随后，酒店计划成为各个部门和每位员工的具体工作任务。为有效完成这些任务，管理者就必须授予部门和员工相应的权利，并规定达到计划目标后的相应的利益，做到责、权、利的统一。在执行计划过程中，管理者还必须通过严格的考核制度和分配激励机制调动员工的积极性，监督计划的执行情况，检查计划的执行结果，发现问题，并彻底解决问题。

（2）计划的控制。管理者通过检查计划的实施结果，将实际结果与计划目标进行比较，找出两者的差异，随后针对差异认真分析，分析造成差异的原因，根据原因修订计划。但无论是局部修订还是总体修订都必须慎重，要经过反复讨论、论证。酒店还应根据计划实施的实际结果，客观、公正地对计划进行评价，反思计划的制订和实施过程，总结经验教训，为制订下期科学、合理的计划提供参考。

（二）酒店的组织职能

酒店组织职能是指为了有效地达到酒店计划目标，管理者确定组织结构，进行人、财、物、时间、信息等资源的调配，并划分部门、分配权力和协调酒店各种业务活动的管理过程。组织职能是计划职能的自然延伸，它贯穿于酒店管理的全过程。其具体内容如下。

第一，确定酒店的管理体制。

第二，设置合理的酒店组织结构。

第三，进行编制定员，明确各管理层次及相应的责任和权力并选用合适的人员。

第四，建立信息沟通系统，进行各级各部门间关系协调。

第五，进行资源调配，使酒店具备接待能力并开展接待业务。

第六，建立并健全酒店管理制度。

酒店组织管理是否有效，将直接影响到整个酒店的经营成果。因此，组织职能是实现计划的重要保障，也是其他管理职能的基础和前提。

（三）酒店的指挥职能

1. 指挥职能的含义

指挥职能是管理者凭借权力和权威，对指挥对象发出指令，使之服从代表决策计划的管理者个人意志，并付诸行动的行为。指挥职能包含以下几个特点。

指挥是以职权为基础的。运用不同职位的相应权力是指挥的基本特征，也是做好指挥工作的一种手段。必须指出的是，运用权力只能是做好领导工作的一种手段，单纯运用权力而忽视员工行为因素和情绪因素，就会变为独裁而使下属明显地感到权力的压力，产生逃避和反抗行为。

指挥是以影响力为诱因的。影响力包括强制性影响力和自然影响力两个方面。强制性影响力主要来源于权力；自然影响力主要来源于管理者的个人因素，如管理者的某种专长、业务能力、道德风貌等，它建立在下属发自内心认可的基础上。

指挥是率领和指导下属的一种管理活动。"率领"和"指导"有两方面的含义：一是要身体力行地与下属共事，在工作现场进行具体的指挥行为，使下属尽职尽责；二是要了解下属的感受和他们在贯彻管理者领导意图及执行计划任务时所面临的问题，并帮助解决问题。

有效指挥应具备四个基本要素。一是酒店的决策计划是明确的；二是指挥者的指挥才能不俗；三是指挥对象的素质高；四是组织的习惯和风气良好。

2. 指挥职能的类型

要使指挥有效，这要求指挥者具有权威性且能恰当地使用指挥技巧。指挥者所处的环境不同，指挥的形式也就不同。指挥的类型可分为以下四种。

（1）直意指挥。直意指挥是指挥者用明确的信息对下属发出指令。在酒店，直意指挥是最大量和最经常发生的。直意指挥的形式是直接下达指令，通常采用肯定或否定的语言，简洁表达，直截了当。指挥要明确指出该指令的结果和时限要求，提出执行指令的具体步骤。

（2）启发式指挥。启发式指挥是由指挥者首先通过引导启发的形式使指挥对象的思路和指挥者的决策相一致，然后下达指令的行为。启发式指挥的特点在于对面临的问题，指挥者和指挥对象的认识不统一，于是通过指挥者对指挥对象的引导启发，使指挥对象发挥能动性而对要解决的问题能按正确的思路进行自我思考和自我决策。当指挥对象的思路和指挥的决策一致时，再下达指令，该指令就会被指挥对象充分理解，进而坚定地、自觉地、圆满地执行指令。

（3）归纳式指挥。归纳式指挥是指指挥者在做出一个重要的指令前，充分听取各方面的意见，随后归纳为一个合理的决策，根据决策下达指令实施指挥。酒店管理者往往会碰到一些复杂的问题，或涉及各部门的问题。当这些问题指挥者感到心中没底很难决策，或没有把握断然下令时，可以听取多方面的意见，充分了解情况，集思广益。在归纳多方的意见形成一个较完整的决定后，再下达指令。

（4）应急式指挥。应急式指挥是指挥者在一些较特殊的情况下临时发出的一些较紧急的指令。酒店经常会发生一些特殊情况，这些情况又需要马上处理，时间紧迫又要立竿见影，容不得周密的思考和筹划，只有当即指挥，尽快解决问题。应急式指挥只抓主要矛盾，解决主要矛盾，很少顾及其他。

（四）酒店的协调职能

1. 协调职能的含义

协调职能是管理人员根据决策来调整人员、事件和业务之间的关系，确保它们相互配合、协调一致，以实现酒店的经营目标。协调是一项基本的管理活动，它要求以酒店的决策目标为核心，促使不同的个体和部门、各种业务之间能够有效衔接、相互支持、相互制衡，共同构建一个和谐统一的整体。

2. 协调职能在酒店管理中的作用

管理的协调职能对服务质量有重要影响。酒店的服务质量是一个整体，酒店的优质服务是全体员工共同努力的结果，酒店任何一个部门都无法单独完成对客人的优质服务，部门与部门、岗位与岗位之间只有环环相扣，通力协作才能产生优质服务。

协调职能是酒店生存和发展的必要条件。酒店是一个系统，是社会大系统中的一个子系统，酒店和社会存在着千丝万缕的联系，而社会是一个极其复杂的系统，酒店就处在这样一个复杂的系统之中。因此，各种关系都会掺杂在一起，如果关系处理得不好，就有可能危及酒店的生存和发展。协调融合酒店和社会的关系，保证酒店的生存和发展是协调职能的一项任务。

3. 协调职能的类型

（1）内部协调。内部协调在酒店管理中大量存在，主要有以下几种。

①组织协调。组织协调指酒店在组织结构、人员安排、人员调配、信息联系等方面的协调。

②常规业务协调。常规业务协调即通常所说的业务协调，这类协调根据需要进行。

③特别业务协调。特别业务指非常规性的一些接待任务或突然发生的一些业务或事件。

④人际关系协调。人际关系指酒店里人与人的关系。在我国的酒店里，人际关系是多种多样错综复杂的，各种非工作关系、个人情绪、个人感情，都会掺杂到工作关系中去。

⑤意识与行为的协调。酒店需要的是员工的正确行为，行为是受意识支配的。有了正确的意识，不一定能产生相应的行为。协调职能帮助员工树立正确的意识，通过意识引导行为，或使行为上升到意识。协调职能注重酒店意识的培养，再用酒店意识规范行为。

⑥指挥系统协调。酒店指挥系统的平衡协调也极为重要。指挥系统是一个命令和信息反馈的通道，保证命令的统一性、及时性和信息的及时反馈，都有赖于指挥系统的有效性。而指挥系统最易发生的问题是链环的断裂、信息的走样、有信息而无行动。要消除这些现象，要靠协调职能发挥作用。

（2）外部协调。外部协调分以下几种。

①与顾客的协调。酒店与顾客的关系是酒店一切关系的枢纽和中心，酒店一切关系的协调和平衡都应服从这一关系的协调和平衡的需要。与顾客的协调主要有：保证顾客的权益、了解顾客的需求、协调处理好投诉顾客与酒店的关系。

②与政府部门的协调。政府部门以法律法规对酒店实行行业管理和行政监督，政府管理和监督的出发点是维护全社会的利益，支持和促进酒店的发展。酒店要经常与政府部门协调，使关系得以健康发展。

③与客源单位的协调。酒店与客源单位在客源输送、客流、价格、业务、财务结算、信息等方面要经常协调，使供求关系平衡稳定。

④与社会各方面的协调。酒店只有与社会各方面协调好才有可能发展。

4. 协调的方法

协调职能不仅是一种管理职能，还是一种很灵活的管理艺术。

（1）计划协调。计划协调是指把计划的总目标和各部门计划目标相互平衡衔接起来。

计划协调要从全局整体上着眼，不仅对酒店及各部门的目标、指标做出规定，进行平衡，还需对完成目标任务所需的资金、物资、人员、业务安排做出协调和平衡。

（2）制度协调。协调职能是以硬性的制度和规范为依据的。一方面，现代酒店制度制定了酒店员工的行为规范；另一方面，制度对正式组织的协调也做了规定。

（3）思想意识的协调。思想意识的协调主要通过当事人自己的协调意识、组织观念、质量意识、服务意识等多种观念和意识来支配自己的行为。

（4）指挥协调。指挥协调是指指挥者在实施指挥职能时充分考虑达到指挥目标的各种条件和要素以及各条件要素存在和发挥作用的条件，使各要素互相平衡。

（5）会议协调。利用会议进行协调工作是现代酒店经常采用的方法。会议协调的好处是多人在一起，能对问题进行充分讨论，使协调更充分。

（五）酒店的控制职能

1. 控制职能的概念

控制职能是管理人员接受酒店的市场信息和内部信息，按决策目标和核定的标准对酒店经营业务活动进行监督、调节、检查、分析，使之不发生偏差而依照正常的轨道进行，以达到预期目标的管理活动。

2. 控制的内容

（1）计划的控制。在制订计划时，应平衡分配酒店的人力、财力和物资，确保计划的目标与进度相匹配。在执行计划时，需要调整计划指标以适应实际情况，监督计划进度的实施，并确保各部门的计划得到有效执行和完成。

（2）服务质量的控制。对设备设施、服务水平、安全保卫工作以及质量对市场的适应性、顾客对服务质量的投诉、质量计划执行情况等进行控制。

（3）业务控制。对业务流程、业务量、各项业务类型、特殊业务及业务运转中的服务规程实施控制。

（4）人事控制。人事控制主要是对人员的质和量两方面进行的控制。质的控制是指按人事计划和各类人员的素质标准，通过培训、使用、激励等使人员达到素质标准的要求。量的控制是根据组织原则所核定的管理人员岗位和编制定员，配备各类人员，对人员的数量和工资支出实施控制。

（5）财务控制。财务控制是对投入的资金、流动资金、效益的控制。具体地说，财务控制要控制核定资金投入、资金分配、资金周转、资金构成、还贷付息、成本与费用、营业收入、毛利润、利润与税金、股东利益分配、员工分配、基金的设立与使用、财务运转等。

（6）物资控制。物资控制是成本费用控制的重要方面。物资控制主要有对物资采购、库存、仓库管理、物资消耗定额等的控制。

以上是酒店控制职能的主要内容，酒店抓住这些内容实施控制，就能保证酒店的正常管理和运转。

3. 控制的方法和措施

第一步，检测实际结果。酒店检测实际结果有两种形式：一是对已形成的结果进行检测与分析，如各种营业及财务指标、各业务过程中每个业务周期结束后的结果（如客房整理完毕后的检查结果）等，结果要明确；二是现场实际检测与分析，即各业务进行过程中的情况，如每个业务周期中各部门的业务过程、棉织品洗涤过程中的洗涤质量等。

第二步，评估及发现偏差。评估是把检测结果与目标和标准进行比较，比较后可能有三种情况：一是偏差在允许值范围内或无偏差，这种情况是理想状况，一般不做分析或采取措施；二是评估结果发现正偏差，一般这样是理想的，如营业额、利润额等正偏差越大越好，但并非所有的正偏差都好，对正偏差要做分析；三是评估结果出现负偏差，一般来说，负偏差不会产生好的结果，要做分析，如成本出现负偏差，可能意味着原材料涨价，或客流量减少了。

第三步，查明产生偏差的原因。一般来说，酒店目标和标准在实际业务过程中产生偏差的原因有这么几种：一是目标和指标的不合理性；二是业务运转中，实际工作的误差而造成的偏差；三是因为外部环境有较大变化而引起的酒店实际情况和目标的偏差；四是几种因素共同造成的偏差。只有确定原因之后，才能纠正偏差。

第四步，偏差纠正。酒店管理的控制职能主要围绕着客户服务过程发挥作用。控制职能纠正偏差可分为：预先控制，即在业务进行前把可能产生偏差的原因先行去除掉，保证业务的正常进行；现场控制，即在业务进行时，酒店管理人员在现场指导监督，发现问题及时纠正；事后控制，即在业务周期完成后发现偏差纠正偏差。

在酒店经营管理中，不同管理层次的管理人员执行管理职能的侧重点是不同的。高层次管理人员侧重于计划、组织，低层次的管理人员则注重指挥、控制。

二、酒店的管理方法

管理方法，就是管理者为实现管理目标，在管理过程中所采取的方式、手段和途径。

采用科学的管理方法，有利于促进管理目标的尽快实现；有利于提高管理的效能，进而提升酒店的经济效益和社会效益；有利于提高酒店的管理水平，促进管理的现代化。酒店各级管理者都必须充分认识到管理方法的重要性，努力探索各类管理方法的有效机制，研究各种方法运用的艺术技巧，提高管理方法应用的科学性，以便更好地实现管理目标。

在酒店管理中，最基本的方法有四种：行政方法、经济方法、法律方法和社会学、心理学方法。

（一）行政方法

酒店管理方法中的行政方法是指依靠机构的权威，通过组织与指挥等行政手段直接影响和干预管理对象，以实现管理目标的方法。

在酒店管理中，行政方法主要采取以下形式。

第一，管理层发出各种指令、命令和要求。

第二，上级对下级发布具有指令性或指导性的计划。

第三，实施各种监督、检查和考核措施。

第四，进行各类批评和行政处分。

（二）经济手段

酒店管理中采用的经济手段主要依托于经济激励，通过奖惩机制，影响和调节员工的物质利益，以此促进管理目标的实现。这些方法主要包括以下几种。

第一，实施与工作效率挂钩的各种薪酬制度。

第二，设立各类奖金和其他物质形式的奖励。

第三，提供各种集体福利和个人生活待遇改善。

第四，制定劳动定额和开展经济分析与经济核算。

第五，实行各种经济性处罚措施。

（三）法律手段

酒店管理采用的法律手段指的是依据法律、规章制度，利用法规来推动和约束员工达成管理目标。主要形式包括以下几种。

第一，遵守国家法律、法规，合法经营。

第二，制定并实施企业的重要制度和政策。

第三，对违法或违纪行为进行追究和处罚。

（四）社会学和心理学手段

在酒店管理中，社会学和心理学手段通过满足员工的社会心理需求，采取多样的教育和交流手段，激发员工自主实现管理目标的动力。主要应用形式包括以下几种。

第一，开展符合管理目标的思想教育和政治教育。

第二，进行多样化的思想交流和感情沟通。

第三，实施目标明确的疏导和说服。

第四，促进员工间的互动和联系。

第五，尊重员工个性，鼓励个人兴趣，提供自我表现机会。

第六，执行宣传和舆论工作，创建积极的工作氛围。

第七，进行表彰、鼓励和优秀评选活动。

第八，通过现代工作设计技巧，如任务丰富化，提高员工的工作满意度，作为有效的激励方式。

第二章

酒店运营理念基础与提升

第一节 酒店服务的理念分析

一、服务与优质服务

（一）服务的概念

在英文里，服务是"SERVICE"，包含 S、E、R、V、I、C、E 七个字母，以此为出发点，可诠释服务的内涵。

1. S——Smile（微笑）

"Smile to everyone"是指向每个人微笑。微笑是一种全球通用的语言，员工自然而然、真诚且充满感情的笑容能给客人留下良好和深刻的印象。微笑不仅是服务的起点，也展现了酒店的热情好客以及员工对每位顾客的友好。

2. E——Excellence（卓越）

"Excellence in everything you have done"是指在你所做的一切中追求卓越。我们的目标不仅是好，而是要更加出色。员工需确保每一项服务都达到卓越的标准，这种卓越体现在服务态度、流程、细节等各个方面。

3. R——Ready（准备）

"Ready at all time"是指随时准备好。员工一旦开始工作就应保持专注，时刻留意顾客的需求，随时准备提供服务并满足顾客的各项需求。

4. V——Viewing（看待）

"Viewing every customer as special"是指将每位顾客视为特别的人。员工应将每一位顾客都视为贵宾，不带任何偏见，不论顾客的社会地位或财富状况，都应一视同仁，全心全意地满足他们的需求。

5. I——Inviting（邀请）

"Inviting your customer return"是指邀请顾客再次光临。每次服务完成后，员工应礼貌且真诚地邀请顾客再次访问，积极推荐酒店的其他服务项目，让顾客期待下次再次光临酒店。

6. C——Creating（创造）

"Creating a comfortable atmosphere"是指创造舒适的氛围。服务不能墨守成规，要有创新。员工应在标准服务程序之外积极营造温馨、舒适、友好和愉快的服务环境，用开拓的视角创造性地满足顾客的需求。

7. E——Eye（眼神交流）

"Eye contact that shows we care"是指用眼神交流来表达我们的关怀。通过目光交流让顾客感受到我们的关注和重视。在与顾客进行目光交流时，员工应避免回避顾客的视线，合适的做法是注视顾客脸部的T区域。在工作中，员工应学会观察，在与顾客的目光接触中，洞察顾客的需求，从而提供及时有效的服务。

（二）服务的主体和客体

1. 酒店服务的主体

酒店服务的主体是服务的施动者，在服务中处于主动地位。一般来说，人们认为酒店服务的主体就是酒店的一线员工，即服务员。服务员是与顾客接触最密切的人，直接为顾客提供服务。顾客对酒店服务质量的感受源于在酒店享受服务的经历。顾客对酒店服务的印象不仅仅取决于服务员。酒店部门划分为前台和后台两大部分：前台部门包括前厅部、客房部、餐饮部等与顾客直接接触的部门；后台部门则包括销售部、工程部、财务部、人力资源部等，这些部门虽然不直接为顾客提供服务，却间接为顾客服务。酒店产品的综合性和协调性要求酒店前台、后台的各个部门，以及各个层级的管理人员和服务人员相互配合，共同为顾客提供服务。因此，上到酒店经理，下到服务员，酒店的每一位员工都是服务的主体。

2. 酒店服务的客体

酒店服务的客体是服务的承受者，在服务中居于被动地位，需要支付相应的金额才能享用酒店的客房、餐厅的美食、各种各样的健身设备等。这里所说的承受者，即顾客。在我国现代酒店业几十年的发展历程中，对顾客的认识发生了翻天覆地的变化。顾客，不再是简单的一个词，而是拥有了多重含义。

（1）顾客是"同志"。在相当长的一段时间里，所有的服务行业（包括酒店业）都把顾客当同志。顾客和服务员都是"同志"，没有高低贵贱之分，只是分工不同。在服务过程中，由于顾客居于被动地位，经常要忍受服务员爱答不理、横眉冷目的恶劣态度。在酒店里，服务员为顾客端茶送水、清扫房间都是日常工作，但服务员做这些本职工作通常都带着情绪，心情好时就笑脸相迎，心情不好时顾客就很难看到笑脸了。因此，服务员与顾客之间时常发生争执。

（2）顾客是"上帝"。随着"顾客就是上帝"这一理念传入我国，酒店业对待顾客的态度发生了极大的转变，顾客从一个和服务员平等的人突然变成了至高无上的"上帝"。酒店要求服务员急客人之所急，想客人之所想，一切以顾客利益优先，为客人创造良好的酒店环境，并提供优质的产品和服务，绞尽脑汁地满足顾客的各种需求，努力争取忠实顾客。服务员和顾客成了服务与被服务的关系，酒店里没有了威风凛凛的服务员，对于偶然出现的嚣张苛刻的顾客，甚至是"吃霸王餐"的顾客、醉酒闹事的顾客，服务员们也能以得体的服务姿态面对。

（三）优质服务

酒店的顾客变得越来越现实，越来越挑剔。随着生活水平的提高，顾客对于酒店服务的要求也越来越高。作为消费者，顾客追求高性价比的产品和服务，一方面期望产品质量越高越好，另一方面又希望产品价格越低越好。只有在二者之间找到一个合理的契合点，让顾客感到"质价相符""物美价廉"，才能更好满足顾客的需求。顾客需要什么样的服务呢？在既定的产品价格下，顾客希望酒店提供的是高质量的服务，即优质服务。

1. 微笑服务

作为酒店服务员，经常会被问到"你会笑吗？""今天你对顾客微笑了吗？"提起优质服务，人们最先想到的也许就是服务员满脸笑容地为顾客服务。一个微笑就能感动顾客，一个微笑就能构筑情感交流的通道，一个微笑就能给顾客留下深刻的印象。

2. 满意服务

当期望与现实一致时，期望的目标就会实现，会使人们产生"满意"的感觉。服务是酒店提供给顾客的产品，也承载着酒店对顾客的期望。早些年间，斯塔特勒自己设计并经营了布法罗斯塔特勒酒店，提供每个房间都有独立卫生间的标准间，这也是现代酒店标准间的雏形，这在当时是一个创举。斯塔特勒提出"标准化服务"，并在纽约、波士顿等地建造酒店，复制酒店的标准运营模式，这一举动深受顾客的欢迎，其他酒店也纷纷效仿，加入标准化的阵营中。至此，世界酒店业进入了"标准化时期"。我国借鉴国外酒店的先进经营模式和管理经验，引进了"标准化服务"。今天，包括我国在内的酒店业，都推行酒店等级评定制度，以星级、数字、字母等形式将酒店划分为不同的等级，每个等级的评定都有严格的硬件（设备设施、实物产品等）和软件（服务项目和服务质量）标准。顾客对酒店服务的期望建立在酒店等级和顾客经验的基础上，当酒店能够为顾客提供与其等级相符合的标准化服务，且执行到位，规范而周到，就会达到顾客的期望，让顾客感到满意。

二、酒店服务理念

（一）酒店传统的服务理念

1. 客人永远是正确的

客人是酒店的"衣食父母"，是酒店效益的源泉，是酒店生存和发展的动力。酒店只有让客人得到最好的服务体验，才能赢得客人的尊重和青睐。在一些细节上，只要客人的言行没有违反法律，也没有侵犯其他客人的利益，把"理"让给客人，给客人"面子"，又有何妨呢？"把""理"和"对"让给客人，各取所需，就能实现顾客和酒店的双赢。酒店员工要充分理解客人的需求，理解客人的想法和心态，要有角色意识，把主角让给顾客，甘当配角。把顾客当朋友、亲人，多一些宽容和理解，给顾客"家"的温暖，永远将顾客放在第一位。

2. 员工是酒店最重要的资产

顾客是酒店最重要的财富，而员工是酒店最重要的资产。只有高效的员工，才能让顾客得到满意的服务体验，并让其成为酒店的常客。酒店要重视员工的素质培养，关注员工的心理健康，为每一位员工提供发展的机会，让员工融入酒店独有的文化里，快乐工作。能否培育令顾客满意的员工是酒店能否成功的决定因素。

3. 服务无小事

"有缺陷的产品就是废品。"服务是酒店的产品，当服务出现缺陷时，它就成了废品，不能出售。有形产品出现问题可以补救，例如，瓷器在出厂前发现问题，可以采用销毁的手段禁止流入市场；汽车在出厂前，如果发现有问题，可以重新调试，即使已经销售给顾客，也可以召回。然而，与有形产品不同的是，有缺陷的服务在生产过程中就已经出售给顾客了，是无法补救的。顾客对酒店服务的感受和评价来自客房、餐饮、前厅等部门员工的每一次服务、每一个服务细节，只要出现一点点的差错，就会招致顾客的不满。

（二）酒店服务理念创新

随着时代的发展，酒店服务理念也在不断地更新。每一次更新换代，都为服务充实了新的内容，给顾客带来了新的服务体系。在酒店业发展的不同阶段，顾客对服务的要求也不同。

1. 酒店服务细节决定成败

细节是酒店制胜的法宝。酒店想要在市场竞争中立于不败之地，就必须深度挖掘细节服务。酒店每天要接待形形色色的人、工作量大、工作流程繁杂，部门之间业务联系紧密，每一个环节、每一个过程都会影响到顾客对服务的感受。酒店主要提供的是顾客餐食、住宿等生活环节的服务，因而更要从细节入手，真诚地关心顾客，才能赢得客户。酒店服务已经跨入一个"精细化服务管理"的时代——服务范围不断扩大，服务项目不断增加，服务要着眼小处，注重每一个细节。做好细节工作会使服务更完美，更加饱含亲情，细节出真情，细节出口碑，细节出效益。

2. 酒店服务要有持续的创新力

顾客的消费观念在不断变化，正从低级向高级阶段发展。如果酒店服务依然停留在陈旧、过时的经营理念，就很难满足顾客的需求。因此，酒店应不断创新服务，迎合顾客的消费心理。首先，酒店创新的执行者是员工，酒店要增强员工的创新意识，使创新成为一种习惯，让员工每时每刻想着带给顾客惊喜服务。酒店要发挥所有员工的创新意识，并将酒店的全体员工纳入创新体系中，这样才能集思广益，为创新提供源源不断的思路。其次，酒店的创新体现在多个方面。创新可以是提供全新的服务，也可以是对现有服务的改良，酒店要善于从服务中寻找创新的切入点。

第二节 酒店管理的理念分析

一、酒店管理理念概述

（一）酒店管理的概念

酒店管理，实际上是酒店经营管理的简称，包括经营和管理两个方面，是指酒店管理者在了解市场需求的前提下，为了有效实现酒店的规定目标，遵循一定的原则，运用各种管理方法，对酒店所拥有的人力、财力、物力、时间、信息等资源，进行计划、组织、指挥、协调和控制等一系列活动的总和。酒店管理的概念表明了酒店管理的目的、方法、要素和职能。

1. 酒店管理的目的

衡量酒店管理成效的主要依据就是酒店预定目标的实现程度，因此，酒店管理的目的就是实现酒店的预定目标——取得一定的社会效益和经济效益。

酒店是一个开放系统，它和社会有着广泛的联系，它在向社会提供特定使用价值的同时，也担负着一定的社会责任。酒店的社会效益是指酒店的经营管理活动带给社会的功用和影响，表现为社会对该酒店和酒店产品的认可程度，如酒店的知名度、美誉度、酒店利用率、酒店和社会的各种关系等。

酒店的经济效益是指酒店通过经营和管理而产生的投资收益。在市场经济条件下，追求酒店利润最大化正是酒店管理的动力所在。对酒店而言，社会效益是经济效益的基础，社会效益不好的酒店，其经济效益必然会受到极大影响。因此，酒店是非常看重自身形象的。另外，随着人类环境问题的日益严重，环境保护意识的日益普及和可持续发展观念的深入人心，酒店还应考虑环境效益，尽量使酒店的经济效益、社会效益与环境效益达到完美统一。

2. 酒店管理的方法

酒店管理的方法就是酒店管理者在管理过程中要遵循一定的管理原则，把酒店管理的基础理论、原理等通过一定形式和方法转化为实际的运作过程，以提高酒店管理成效，达到酒店管理目标。具体方法主要有经济方法、行政方法、法律方法、数量方法、社会学及心理学方法等。

（1）经济方法。经济方法是指酒店运用价格、成本、工资、奖金、经济合同、经济罚款等经济杠杆，用物质利益来影响、激励企业员工的一种方法。

（2）行政方法。行政方法是指酒店依靠企业的各级行政管理机构的权力，通过命令、指示、规章制度及其他有约束性的计划等行政手段来管理企业的方法。

（3）法律方法。法律方法是指以法律规范及具有法律规范性质的各种行为规则为管理手段，调节酒店企业内外各种关系的一种方法。

（4）数量方法。数量方法是指运用数学的概念、理论和方法，对研究对象的性质、变化过程以及它们之间的关系进行定量描述，并利用数量关系或建立数量模型等方法对企业的经济活动进行管理的方法。

（5）社会学及心理学方法。社会学及心理学方法是指酒店企业借助社会学和心理学的研究成果与方法，协调处理员工与员工之间、员工与酒店之间的关系，以调动员工的工作积极性，提升企业效益的方法。

3. 酒店管理的要素

酒店管理的要素是指酒店所拥有的人力资源、财力资源、物力资源、信息资源和时间资源等。

（1）在酒店管理所有要素中，人力资源最为重要。它是酒店的主体，是酒店管理成功的关键，也是酒店两个效益的创造者。因此，酒店必须具有一批管理素质良好的管理者和行业素质良好的从业人员。在"以人为本"的酒店管理中，不仅应考虑酒店所需要的人的数量和质量问题，即酒店需要多少人和需要什么样的人，更为关键的是应考虑管理者自身的素质。实际上，一家酒店管理水平、服务质量的高低都取决于酒店管理者的水平高低。

（2）财力是指酒店的资金运作状况。只有具备一定的财力，酒店才可以购置运转中所需的各种设施设备和原材料，才能支付员工工资及其他各种管理费用等。因此，财力是酒店正常运转的基本保证。

（3）酒店的物力资源主要是指酒店运转所必需的物资及各种技术设备，如酒店的建筑物、电梯、空调、锅炉、客用品、服务用品等。物力资源是酒店运转的基础，也是酒店管理要素之一。物力和财力是紧密联系在一起的，因为物力通常以固定资金和流动资金的形式表现出来。

（4）信息资源是酒店管理者制订计划的依据和决策的基础，也是酒店组织的重要手段和质量控制的有效工具。随着宾客需求的不断变化和酒店之间竞争的日趋激烈，酒店常处于瞬息万变的经营环境之中。因此，信息的取得、整理和利用日益受到酒店管理者的重视，并成为酒店管理的一个要素。

（5）在市场经济条件下，时间的价值越来越被重视。在"时间就是金钱"的今天，时间也成为酒店管理中一种不可忽视的资源，而管理者对时间价值的认识水平则决定其对时间资源的有效管理程度。管理者对时间资源的有效管理可以提高酒店的工作效率，降低员工的劳动强度，也有利于提高酒店的服务质量。

4. 酒店管理的职能

在酒店管理的概念中，管理职能是管理者与酒店实体相联系的纽带，是其必不可少的组成内容之一。酒店管理的职能是计划、组织、指挥、协调和控制这几项。酒店管理即管理者通过执行这些不同的管理职能来实现酒店内外要素不断调整并取得和谐的动态过程。缺少任何一种职能，酒店管理都难以奏效。因此，酒店管理的本质即管理者科学地执行管理职能。

(二)酒店经营与管理的关系

酒店经营与管理通常被简称为酒店管理,它既包括经营又包括管理。酒店经营和管理有着不同的内涵,侧重点也各不相同,但在现实中两者又是密不可分的。

1. 酒店经营

经营是指企业以独立的商品生产者的身份面向市场,以商品生产和商品交换为手段,满足社会需要并实现企业目标,使企业的经济活动与企业生存的外部环境达成动态均衡的一系列有组织、有计划的活动。酒店经营即在国家政策指导下,根据市场经济的客观规律,对酒店的经营方向、目标、内容、形式等做出决策的行为。

酒店经营的主要内容有做市场调查和状况分析,目标市场的选择与定位,酒店产品的创新与组合,巩固与开拓客源市场,从市场角度运用资金和进行产品成本、利润、价格分析等。经营的侧重点在于市场,要根据市场需求的变化,努力使酒店经营的内容适应宾客的需求,积极面对竞争,从而使酒店得到更大的发展。

2. 酒店管理

管理的侧重点在于酒店内部,针对酒店具体的业务活动,即酒店管理者通过计划、组织、督导、沟通、协调、控制、预算、激励等管理手段,使酒店人、财、物等投入最少,但又能完成酒店的预定目标。酒店管理的主要内容有按科学管理的要求组织和调配酒店的人、财、物,使酒店各项业务正常运转,在业务运转过程中保证服务质量,激励并保持员工工作积极性以提高工作效率,加强成本控制,严格控制管理费用等,并通过核算工作保证达到酒店经营的经济目标,即要以最小的投入实现最大的产出。

总之,酒店经营所面对的是市场,在了解市场、掌握市场趋势的前提下进行各种酒店经营活动,参与市场竞争,提高酒店利用率和市场份额。而酒店管理所面对的主要是酒店内部的各要素,只有通过管理职能的有效执行,使要素合理组合,方可形成最大、最佳的接待能力,才能在市场竞争中处于有利地位。因此,在酒店业处于买方市场的条件下,酒店若不了解市场,闭门造车,其内部各要素组合得再好,管理得再出色,也会毫无成效。同时,还会造成酒店资源的极大浪费。这就要求酒店必须进行经营性管理,面向市场进行管理。事实上,经营决定制约着管理,管理又是经营的必备条件。经营中蕴含着管理,管理中也蕴含着经营。

二、酒店管理的理论基础

酒店管理是将酒店行业自身业务特点和一般企业的经营管理原理相结合而形成的一门学科。它作为一门独立的学科，是以管理学的一般原理和理论为基础的。把管理学的一般原理及方法，运用于酒店管理实践，形成了酒店管理理论。酒店管理者要进行有效地管理，就必须了解人类管理思想的发展过程，了解酒店管理的理论来源。

（一）古典管理思想

19世纪末、20世纪初产生的科学管理思想，使管理实践活动从经验管理跃升到一个崭新的阶段。对科学管理思想的产生和发展做出突出贡献的人物主要有泰勒、法约尔、韦伯，他们分别对生产作业活动的管理、组织的一般管理、行政性组织的设计提出了系统的管理理论。

1. 泰勒的科学管理理论

美国的弗雷德里克·泰勒是最先突破传统经验管理格局的先锋人物，被称为"科学管理之父"。泰勒出生于美国费城一个富裕的律师家庭，从小醉心于科学研究和科学试验。他18岁进入钢铁厂当工人，担任过技工、工头、车间主任、总工程师等职。长期的亲身经历使泰勒认识到：落后的管理是造成生产效率低下，工人"磨洋工"和劳资冲突的主要原因。他在1911年出版的《科学管理原理》一书中提出了通过对工作方法的科学研究来改善生产效率的基本理论和方法。在这本书中，泰勒总结出了四条基本的科学管理原理。

（1）通过动作和时间研究法对工人工作过程的每一个环节进行科学的观察分析，制定出标准的操作方法，以规范工人的工作活动和工作定额。

（2）细致地挑选工人，并对他们进行专门的培训，使他们能按照规定的标准工作法进行操作，以提高生产劳动的效率。

（3）真诚地与工人们合作，以确保劳资双方都能从生产效率的提高中得到好处。为此，泰勒建议实行"差别工资制"，对完成工作定额的工人按较高的计件工资率水平来计算和发放工资，对完不成工作定额的工人则按较低的计件工资率来计算和发放工资。通过金钱激励，促使工人最大限度地提高生产效率。而在生产效率提高幅度超过工资增长幅度的情况下，雇主也就从"做大的馅饼"中得到了更多的效益。

（4）明确管理者和工人各自的工作和责任，实现管理工作与操作工作的分工，进而对管理工作按具体职能的不同而进行细分，实行职能制组织设计，并贯彻例外管理原则。泰勒提出科学管理思想的目的，是想改变传统的一切凭经验办事（工人凭经验操作机器，管理人员也凭经验进行管理）的落后状态，使经验的管理转变成为一种"科学的"管理。泰勒的主张被认为是管理思想史上的一次"革命"。这种管理理论使得劳资双方将重心从分割盈余的比例上转移，转而共同致力于增加盈余的总和。同时，泰勒还提出了如何提高劳动生产效率等一系列科学的作业管理方法。

2. 法约尔的一般管理理论

当泰勒及其追随者正在美国研究和倡导生产作业现场的科学管理原理和方法时，在法国诞生了关于整个组织的科学管理理论，这一理论被后人称为"一般管理理论"或"组织管理理论"。与泰勒等人主要侧重研究基层的作业管理不同，"一般管理理论"是站在高层管理者角度研究整个组织的管理问题。该理论的创始人是亨利·法约尔，他是法国一家大矿业公司的总经理。以自己在工业领域的管理经验为基础，法约尔在1916年出版了《工业管理与一般管理》一书，提出了适用各类组织的管理五大职能和有效管理的14条原则。

法约尔将工业企业中的各种活动划分成技术活动、商业活动、财务活动、安全活动、会计活动和管理活动六类。其中，管理活动是企业运营中的一项主要活动。法约尔认为，管理活动本身又包括计划、组织、指挥、协调、控制五大要素。管理不仅是工业企业有效运营所不可缺少的，也存在于一切有组织的人类活动之中，是一种具有普遍性的活动。法约尔认为，管理的成功不完全取决于个人的管理能力，更重要的是管理者要能灵活地贯彻管理的一系列原则。这些原则如下。

（1）劳动分工。法约尔认为，实行劳动的专业化分工可提高雇员的工作效率，从而增加产出。

（2）权责对等。权责对等，即管理者必须拥有命令下级的权力，但这种权力又必须与责任相匹配，不能责大于权或者权大于责。

（3）纪律严明。雇员必须服从和尊重组织的规定。领导者以身作则，使管理者和员工都对组织规章有明确的理解并实行公平的奖惩制度。这些对于保证纪律的有效性都非常重要。

（4）统一指挥。统一指挥，是指组织中的每个人都应该只接受一个上级的指挥，并向这个上级汇报自己的工作。

（5）统一领导。每一项具有共同目标的活动都应当在一位管理者和一个计划的指导下进行。

（6）个人利益服从整体利益。任何雇员个人或雇员群体的利益不能够超越组织整体的利益。

（7）报酬。对雇员的劳动必须付以公平合理的报酬。

（8）集权。集权体现了下级参与决策的程度。决策权是集中在管理层手中还是分散给下属，这牵涉到度的问题。管理当局的任务是找到在任何情况下都合适的集权程度。

（9）等级链。从组织的基层到高层，应建立一个关系明确的等级链系统，使信息的传递按等级链进行。不过，若顺着这条等级链沟通会造成信息的延误，则应允许越级报告和横向沟通，以保证重要信息的畅通无阻。

（10）秩序。无论是物品还是人员，都应在恰当的时候处在恰当的位置上。

（11）公平。管理者应当友善和公正地对待下属。

（12）人员稳定。每个人适应自己的工作都需要一定的时间，高级雇员不要轻易流动，以免影响工作的连续性和稳定性。管理者应制定规范的人事计划，以保证组织所需人员的供应。

（13）创新性。应鼓励员工提出创新意见和主动开展工作。

（14）团结精神。强调团结精神将会促进组织内部的和谐与统一。

法约尔提出的一般管理要素和原则，实际上奠定了后来在20世纪50年代兴盛起来的管理过程研究的基本理论基础。

3. 韦伯的行政组织理论

行政组织理论是科学管理思想的一个重要组成部分。它强调组织活动要通过职务或职位而不是个人或世袭地位来设计和运作。这一理论的创立者是德国社会学家马克斯·韦伯。他从社会学研究中提出了所谓"理想的"行政性组织，为20世纪初的欧洲企业从不正规的业主式管理向正规化的职业性管理过渡提供了一种纯理性化的组织模型，对当时新兴资本主义企业制度的完善起了划时代的作用。因此，后人称韦伯为"组织理论之父"。

韦伯是德国柏林大学的一位教授。他以普鲁士的官僚政治为背景，以对法律有无上权威的信仰为基础建立起行政组织理论。它以组织形式和法规制度对行政效率的影响作为研究的重点。其理论有以下几个主要观点。

（1）机关是根据完整的法律制度而设立的一种组织形式。这种机关组织，有确定的目标，并靠完整的法规制度去组织和规范工作人员的行为，有效地达到机关管理的目标。

（2）这种机关组织是一种井然有序的权责体系。在此体系内，按地位高低，规定人员间的命令与服从的关系。机构内的每个人，仅有一位上司，除了严格服从上司的命令和指挥外，不能接受任何人的命令和指挥。

（3）机构内任何层次的职位，按人员的专长做合理分配。每个人的职责范围和权利义务，以法规明文规定。

（4）在这一法规明文规定的组织体系内，人员及人员间的任何工作行为必须遵循法规的规定，不能脱离法规的限制。

（5）机关内工作人员的任用，应根据每一职位的要求，公开考选，合格即用，不合格则淘汰，务求人员称职，不致因为不称职而影响工作效率。

（6）明文规定人员的薪酬制度和升迁制度，使人员积极工作，并培养他们的事业心。

韦伯认为，依据这一系列原则所设立的机关组织为理想的机关组织。这种组织系统被称为"行政性组织"。韦伯甚至以工业生产的机械化过程来比喻组织机构的行政组织化过程。他认为如果一个组织越是能完全消除个人的、非理性的、不易预见的感情因素或其他因素的影响，那么它的行政组织特征也就发展得越完善，从而越趋于一种"理想的""纯粹的"状态。而这种状态的组织和其他形式的组织相比，犹如机械化生产与非机械化生产之比，在精确性、稳定性、纪律性和可靠性方面具有绝对的优势。正因如此，行政组织后来被人们通称为"机械式组织"。

以上介绍的三种管理理论，虽然研究的侧重点各有不同，但它们有两个共同的特点：一是都把组织中的人当作"机器"来看待，忽视"人"的因素及人的需要和行为，所以有人称此种管理思想下的组织实际上是"无人的组织"；二是都没有看到组织与外部的联系，关注的只是组织内部的问题，因此，这样的组织是处于一种"封闭系统"中的。由于它们共同的局限性，20世纪初在西方建立起来的这三大管理理论，被统称为古典管理思想。

（二）行为管理思想

古典管理思想把人看成简单的生产要素，即像机器一样的"工具人"，只考虑如何利用人来达成组织的目标，忽视了人性的特点。20世纪20年代中期以后产生的人际关系学说和行为管理理论开始注意到"人"具有不同于"物"的许多特殊方面，需要管理者采取一种不同的方式来加以管理。对"人"的因素的重视，首先应归功于梅奥和他在霍桑工厂所进行的试验。

1. 梅奥的霍桑试验与人际关系学说

霍桑试验是在美国西方电气公司的霍桑电话机厂进行的。试验最初开始于1924年，当时试验的目的是根据科学管理理论中关于工作环境影响工人劳动生产效率的假设，进行照明度与生产效率关系的研究，试图通过照明强弱变化与产量变化之间关系的研究来为合理设定工作条件提供依据。结果却发现，工作环境条件的好坏与劳动生产效率的提高并没有必然的联系,因为无论照明度是升,是降,还是维持不变,参与试验的人员的劳动生产放率都未获得明显提高,这是已有的管理理论所无法解释的。梅奥基于这种结果,进行了一系列的后续调查、试验和采访,结果表明人的心理因素和社会因素对生产效率有极大的影响。梅奥在1933年出版的《工业文明中的人的问题》一书中,对霍桑试验的结果进行了系统总结。其主要观点如下。

(1) 员工是"社会人",具有社会心理方面的需要,而不只是单纯地追求金钱收入和物质条件的满足。例如,在照明度试验中,参加试验的人员就是因为感到自己受到了特别的关注,所以表现出更高的生产效率。因此,企业管理者不能仅着眼于技术经济因素的影响,而要从社会心理方面去鼓励工人提高劳动生产放率。

(2) 企业中除正式组织外,还存在非正式组织。正式组织是管理当局根据实现组织目标的需要而设立的,非正式组织则是人们在自然接触过程中自发形成的。正式组织中人的行为遵循效率的逻辑,而非正式组织中人的行为往往遵循感情的逻辑,合得来的就聚在一起,合不来的或不愿与之合的就被排除在组织外。哪些人是同一非正式组织的成员,不取决于工种或工作地点的相近,而完全取决于人与人之间的关系。非正式组织是企业中必然会出现的,它对正式组织可能会产生一种冲击,但也可能发挥积极的作用。非正式组织的存在,进一步证实了企业是一个社会系统,受人的社会心理因素的影响。

(3) 新的企业领导能力体现在通过提高员工的满意度来激发士气,从而达到提高生产效率的目的。梅奥的这些结论使人们对组织中的人有了一种全新认识。在此之后,人际关系运动在企业界蓬勃开展,致力于人的因素研究的科学家也不断涌现。其中,有影响的代表人物的主要理论包括亚当斯的公平理论、马斯洛的需求层次论、赫茨伯格的双因素理论、麦克雷戈的X理论和Y理论等。

2. 亚当斯的公平理论

公平理论是由美国的斯塔西·亚当斯于1965年提出的一种激励理论。这一理论从工资报酬分配的合理性、公平性对员工积极性的影响方面,说明了激励必须以公平为前提。亚当斯的公平理论认为,人们能否获得激励,不仅取决于他们得到了什么,还取决于他们看见或认为别人得到了什么。人们在得到报酬之后会做一次社会比较,不仅比较自己的劳动付出与所得报酬,还要将自己的劳动付出与所得报酬之比与他人的劳动付出与所得报酬之比相比较。如果两者比例相等,就会感到公平,从而具有激励作用;如果自己的劳动付出与所得报酬之比低于他人,就会感到不公平,从而产生不满,形成负激励。亚当斯提出的社会比较公平关系模式为

自己所得报酬 ÷ 自己劳动付出 = 他人所得报酬 ÷ 他人劳动付出

心理学的研究表明，不公平感会引发人们的心理紧张和不安，从而影响人们的行为动机，导致生产积极性的下降和生产效率的降低，旷工率、离职率会相应升高。根据公平理论，在管理中必须充分注意不公平因素对人心理状态及行为动机的消极影响。在工作任务、工资、奖励的分配及对工作成绩的评价中，应力求公平合理，努力消除不公平、不合理的现象，才能有效地调动员工的积极性。

3. 马斯洛的需求层次理论

马斯洛认为，对人的鼓励可以通过满足需求的方法来达到。他把人的需求分为生理的需求、安全的需求、社交的需求、尊重的需求和自我实现的需求。上述这五种需求是分层次的，对一般人来说，在较低层次需求未得到满足以前，较低层次的需求就是支配他们行为的主要激励因素；一旦较低层次的需求得到了满足，下一层次的需求就成为他们新的主要激励因素了。根据这种理论，管理者应当了解下属人员的主要激励因素（未满足的需求）是什么，并设法把实现企业目标和满足员工个人需求结合起来，以激发员工完成企业目标的积极性。

4. 赫茨伯格的双因素理论

赫茨伯格通过对 200 名工程师、会计师的询问调查，研究出在工作环境中有两类因素起着不同的作用。一类是保健因素，包括公司政策、管理层与员工的关系、薪资、工作条件以及工作的安全性等。这些因素若缺失，可能会导致员工的不满、缺勤或离职，但它们本身并不直接提升员工的工作积极性。另一类是激励因素，如工作本身的意义、被赏识、晋升机会以及个人成长和发展的机会等。保健因素涉及的主要是外部环境，激励因素主要涉及工作本身的内容和价值。

赫茨伯格的双因素理论把激励理论与人们的工作和工作环境直接联系起来，这就更便于管理者在工作中对员工进行激励。

5. 弗鲁姆的期望值理论

弗鲁姆认为，人们从事某项活动、进行某种行为，其积极性的大小、动机的强烈程度是与期望值和效价成正比的。这个理论可用下列公式来表示：

激发力量 = 期望值 × 效价

激发力量是指对员工为了达到某个目标（如涨工资、提升、工作上的成就）而进行的行为的激励程度。期望值是该员工根据个人经验判断能够成功地达到该目标的可能性，即概率。效价是指达到该目标对于满足该员工个人需要的价值。

根据这一理论，管理者想要增强员工做好工作的激励力量，就应当创造条件，使员工有可能选择对他来说效价最高的目标，同时设法提高员工对实现目标的信心。

6. 斯金纳的强化理论

斯金纳认为，强化可分为正强化和负强化两种。如果对某个人的行为给予肯定和奖酬（如表扬、提升或发奖金等），就可以使这种行为巩固起来并保持下去，这就是正强化。相反，如果对某个人的行为给予否定或惩罚（如批评、罚款或处分等），就可以使这种行为减弱、消退，这就是负强化。这种理论认为通过正、负强化可以控制人们的行为按一定方向进行。

7. 麦格雷戈的 X 理论和 Y 理论

麦格雷戈认为，管理者在如何管理下属的问题上基本上有两种做法：一种是专制的办法；另一种是民主的办法。他认为，这两种不同的做法是建立在对人的两种不同假设基础上的。前者假设人先天就是懒惰的，他们生来就不喜欢工作，必须用强迫的办法才能驱使他们工作；后者假设人的本性是愿意把工作做好，是愿意负责的，问题在于管理者怎样创造必要的环境和条件，使员工的积极性能真正发挥出来。麦格雷戈把前一种假设称为 X 理论，把后一种假设称为 Y 理论。

如果按 Y 理论，管理者就要创造一个能多方面满足员工需要的环境，使人们的智慧和能力得以充分的发挥，从而更好地实现组织和个人的目标。

8. 超 Y 理论和 Z 理论

在麦格雷戈提出了 X 理论和 Y 理论之后，美国的洛尔施和莫尔斯对两个工厂和两个研究进行对比研究后发现，采用 X 理论和采用 Y 理论都有效率高的和效率低的结果，便由此推断出 Y 理论不一定都比 X 理论好。那么，到底在哪种情况下应选用哪种理论呢？他们认为，管理方式要由工作性质、成员素质等来决定，并据此提出了超 Y 理论。其主要观点是，不同的人对管理方式的要求不同。有人希望有正规化的组织与规章条例来要求自己的工作，而不愿参与问题的决策去承担责任，这种人欢迎以 X 理论为指导的管理方式。有的人却需要更多的自治责任和发挥个人创造性的机会，这种人则欢迎以 Y 理论为指导的管理方式。此外，工作的性质、员工的素质也影响管理理论的选择，故不同情况应采取不同的管理方式。

Z 理论是由美国日裔学者威廉·大内提出的，其研究的主要内容是人与企业、人与工作的关系。大内通过以美国为代表的西方国家的价值观和以日本为代表的东方国家的价值观对管理效率的不同影响进行了对比研究。他把由领导者个人决策，员工处于被动服从地位的企业称为 A 型组织，并认为当时研究的大部分美国机构都是 A 型组织，而日本的 J 型组织具有与其相对立的特征。大内不仅对 A 型和 J 型组织进行了系统比较，还通过对美国文化和日本文化的比较研究指出，每种文化都赋予其人民以不同的行为环境，从而形成不同的行为模式。

超越 Y 理论和 Z 理论的核心思想在于权变管理。管理策略的选择和应用必须适应企业的具体特点，才能达到令人满意的效果。

总体而言，行为管理理念的出现改变了人们对管理的认识，促使管理者将员工视为需要关怀和培养的重要资源，而非仅仅是简单的生产因素。这种思想强调从人的需求、动机、人际关系及社会环境等方面来探讨管理活动的执行效果，以及这些活动如何同时影响组织目标和个人发展。

行为管理思想之所以会产生，是因为前期的科学管理思想虽然在提高劳动生产效率方面取得了显著的成绩，但是由于它片面强调对员工进行严格的控制和动作的规范化，忽视了员工的情感和成长的需要，从而引起员工的不满和社会的责难。在这种情况下，科学管理已不能适应新的形势，需要有新的管理理论和方法来进一步调动员工的积极性，从而提高劳动生产效率。组织本质上是由众多个体构成的集体。管理者通过其他人的努力实现组织目标，因此，研究人在工作中的行为变得尤为重要。这也解释了为什么行为管理理念在提出后迅速在实践中获得广泛关注和应用。但是，由于人类行为的复杂性，对行为进行准确分析和预测在实际操作中十分困难，导致行为科学的研究结果与实际情况之间存在一定的差异。此外，行为科学研究主要聚焦于个人或群体，有时过分强调个体或群体可能导致一种现象：虽然强调"组织中的人"，但在实践中却可能导致"忽视组织本身"的情况发生。这种做法虽从某种程度上突出了个体在组织中的重要性，但也可能导致对组织整体的忽视。

（三）管理科学理论

管理科学理论是继科学管理理论、行为科学理论之后，管理理论和实践发展的结果。这一理论运用现代科学技术和方法研究生产、作业等方面的管理问题。它使管理的定量化成分提高，科学性增强，尤其是一些数学模型的建立，使部分管理工作成为程序化的工作，从而使这部分管理工作效率大大提高。管理科学理论可以更好地运用于酒店的投资策划和酒店投资的前期可行性研究。

管理科学的理论特征有以下三点：以决策为主要着眼点、以经济效果标准作为评价的根据、依靠数学模型和电子计算机作为处理问题的方法和手段。

流行的管理科学模型主要有以下七种。

1. 决策理论模型

决策理论模型的目标是在制定决策的过程中减少艺术成分而增加科学成分。决策理论的重点在于对所有决策通用的某些组成部分，提供一个系统结构，以便决策者能够更好地分析那些含有多种方案和可能后果的复杂情况。这类模型是规范性的，并含有各种随机的变量。

2. 盈亏平衡点模型

盈亏平衡点模型主要帮助决策者确定一个公司的特定产品生产量与成本、售价之间的关系，得到一个确定的盈亏平衡点，在这个水平上总收入恰好等于总成本。这类模型是确定性的描述性模型。

3. 库存模型

库存模型用来确定库存的数量以及何时进货与发货。这类模型可以使库存满足生产与销售的需求，同时考虑降低仓储成本。

4. 资源配置模型

资源配置模型中的资源主要指自然资源和实物资源。常用的资源配置模型是线性规划模型，在给定边界约束条件的情况下，考虑产出、利润最大或者成本最小。这类模型是规范性的模型，变量是确定性的。

5. 网络模型

网络模型是随机性的规范模型。两种主要的和流行的网络模型是PERT（计划评审技术）和CPM（关键路线法）。PERT是计划和控制非重复性工程项目的一种方法。CPM这种计划和控制技术用于那些具有可查询过往数据的项目，侧重于成本控制和重复性项目的管理。

6. 排队模型

在生产过程中，员工排队等待领取所需的工具或原料所花费的时间是要计入成本的。在给顾客服务的过程中，如果顾客需要排队等候很长时间，就会使顾客失去耐心而一走了之。但如果开设很多服务台或售货柜，却很少有人光顾，就又会导致成本提高。因此，排队模型试图解决这类问题，以便能找到一个最优解。

7. 模拟模型

模拟是指具有与某种事物相同的外表和形式，但不是真实的事物。由于真实事物所具有的复杂性，以及对其管理作用的不可重复性，为了得到预计成果，就有必要建立模拟的模型，并在此模型上探讨最佳行动方案或政策，以便最后能用于实践的操作。模拟模型是描述性的，含有各种随机的变量。

（四）当代管理理论的发展

当代管理理论是指 20 世纪 70 年代开始出现的管理理论。这一时期，国外的管理理论有了新的发展。

1. 20 世纪 70—90 年代的理论发展

（1）权变管理理论。20 世纪 70 年代，面临复杂多变的周围环境，人们发现不可能找到一个以不变应万变的管理模式。管理的指导思想上出现了强调灵活应变的"权变观点"。权变管理的基本含义：成功的管理无定式，一定要因地、因时、因人而异。这种观点是针对系统管理学派中的学者们建立万能管理模式的倾向而提出的。它强调针对不同情况，应采用不同的管理模式和方法，反对千篇一律的通用管理模式。

（2）战略管理理论。如果说在 20 世纪 50 年代以前，企业管理的重心是生产，20 世纪 60 年代企业管理的重心是市场，20 世纪 70 年代企业管理的重心是财务，那么，自 20 世纪 80 年代起，企业管理的重心便转移到了战略管理。这是现代社会生产力发展水平和社会经济发展的必然结果。企业依靠过去那种传统的计划方法来制订未来的计划已显得不合时宜，而应该高瞻远瞩、审时度势，对外部环境的可能变化做出预测和判断，并在此基础上制定企业的战略计划，谋求长远的生存和发展。

（3）企业文化理论。20 世纪 80 年代，管理理论的另一个新发展是注重比较管理学和管理哲学，强调的重点是"企业文化"。企业文化的研究主要集中在把企业看成一种特殊的社会组织，并承认文化现象普遍存在于不同组织之中。这些文化代表着组织成员所共同拥有的信仰、期待、思想、价值观、态度和行为等，是企业最稳定的核心部分，体现了企业的行为方式和经营风格。

2. 20 世纪 90 年代后的管理理论的新发展

（1）学习型组织理论。企业组织的管理模式问题一直是管理理论研究的核心问题之一。20 世纪 80 年代以来，随着信息革命、知识经济时代进程的加快，企业面临着前所未有的竞争环境的变化，传统的组织模式和管理理念已越来越不适合新的环境。因此，研究企业组织如何适应新的知识经济环境，增强自身的竞争能力，延长组织寿命，成为世界企业界和理论界关注的焦点。彼得·圣吉于 1990 年出版了《第五项修炼——学习型组织的艺术与实务》。圣吉认为，要使企业茁壮成长，必须建立学习型组织，也就是将企业变成一种学习型的组织，以增强企业的整体能力，提高整体素质。

学习型组织是指通过培养弥漫于整个组织的学习气氛，充分发挥员工的创造性思维能力而建立起来的一种有机的、高度柔性的、扁平的、符合人性的、能够持续发展的组织。通过培育学习型组织的工作氛围和企业文化，引领人们不断学习、不断进步、不断调整观念，从而使组织具有常盛不衰的生命力。学习作为学习型组织的真谛，一方面可以使企业组织具备不断改进的能力，提高企业组织的竞争力；另一方面，可以实现个人与工作的真正融合，使人们在工作中体会到生命的意义。当然，建立学习型组织并非易事，这需要突破以往线性思维的方式，消除个人及群体的学习障碍，对管理的价值观念、管理的方式和方法进行革新。因此，圣吉提出了建立学习型组织的五大修炼。学习型组织的出现不是简单地依靠各项修炼，而是由各项修炼整合而成的新质。其基本理念不仅有助于企业的改革与发展，而且它对其他组织的创新与发展也有启示。人们可以运用学习型组织的基本理念，去开发各自组织创造未来的潜能，反省当前存在于整个社会的种种学习障碍，思考如何使整个社会早日向学习型社会迈进。或许，这才是学习型组织所产生的更深远的影响。

（2）企业再造理论。企业再造也被称为"公司再造""再造工程"。它是1993年开始在美国出现的关于企业经营管理方式的一种新的理论和方法。企业再造是指企业为了在衡量绩效的关键指标上取得显著改善，从根本上重新思考、彻底改造业务流程。其中，衡量绩效的关键指标包括产品质量、服务质量、顾客满意度、成本、员工工作效率等。企业再造在欧美的企业中已得到迅速推广，并受到高度重视，也带来了显著的经济效益，涌现出大批成功的范例。企业再造理论顺应了通过变革创造企业新活力的需要，这使越来越多的学者加入流程再造的研究。作为一种新的管理理论和方法，企业再造理论仍在继续发展。

第三节 酒店管理的理念提升

一、从注重企业形象到注重顾客满意的变化

（一）从"企业形象"到"顾客满意度"

企业形象（Corporate Identity，简称CI），是指企业为了使自身在激烈的市场竞争中突出并给顾客留下良好印象，而采取的塑造和传播自我形象的经营战略。这一概念于20世

纪50年代形成，于20世纪70年代在全球范围内流行，并于20世纪80年代中后期进入我国，被国内酒店业接受。

CI是指企业为了给顾客留下良好的印象，通过对企业的形象进行设计，有计划地将企业自身的各种鲜明特征向社会公众展示和传播，从而在市场环境中形成企业的一种标准化、差异化的形象活动。

实践证明，CI对酒店企业加强市场营销及公共关系方面有着直接的影响。随着市场竞争日益激烈和人们对市场经济规律认识的深化，CI也逐渐暴露出它的局限性。CI的整个运作过程完全是按照企业的意志加以自我设计（包装），通过无数次重复性地向社会公众展示，"强迫"顾客去加以识别并接受企业的形象。因此，CI的经营战略依旧停留在"企业生产什么，顾客就接受什么"的传统经营理念上。

随着市场从推销时代过渡到营销时代，在企业形象（CI）的基础上，顾客满意度（Customer Satisfaction，简称CS）的理念应运而生。CS指的是企业为了不断满足顾客需求，通过客观和系统的方式测量顾客的满意程度，理解顾客的需求和期望，并根据测量结果实施相应的措施，综合改进产品和服务质量，以此达到持续提升业绩的经营理念。

CS理念及在此基础上形成的CS战略，在20世纪80年代末超越了CI战略，在全球范围内得到推广，并在20世纪90年代中期被我国企业接受。虽然顾客满意度的基本理念和方法很早就有企业实践过，但是CS战略的兴起是在20世纪90年代。

CS战略以顾客为中心，以顾客满意为核心目标。其主要方法是通过测定顾客满意度指数来推动产品和服务的改进，以满足顾客需求。其最终目标是赢得顾客的信任和忠诚，从而赢得市场，赢得利润。CS理念标志着企业从"企业生产什么，顾客就接受什么"到"顾客需要什么，企业就生产什么"的重大转变。

（二）CS理念在酒店中的运用

1. "让客价值"理论的提出

美国市场营销学家菲力普·科特勒提出了"让客价值（Customer Delivered Value，简称CDV）"的新概念。其主要含义是，顾客购买一种产品或服务，要付出的是一笔"顾客总成本"，获得的是一笔"顾客总价值"，"顾客总价值"与"顾客总成本"的差值就是让客价值，即让客价值=顾客总价值-顾客总成本。

顾客在购买产品时，总希望把有关成本降到最低，同时希望从中获得更多的实际利益，以使自己的需要得到最大限度的满足。因此，顾客在选购产品时，往往从价值与成本两个方面进行比较分析，从中选择价值最高、成本最低的产品，即顾客价值最大的产品作为优先选购的对象。顾客价值中的顾客总价值主要由产品价值、服务价值、人员价值、形象价值等要素构成；顾客价值中的顾客总成本主要由货币成本、时间成本、体力成本等要素构成。

酒店要在竞争中战胜竞争对手，吸引更多的顾客，就必须向顾客提供比竞争对手具有更多"让客价值"的产品。这样，才能使自己的产品进入消费者的"选择组合"，最后使顾客购买本企业的产品。因此，酒店可从两个方面改进自己的工作：一是通过提高酒店的产品、服务、人员及形象的价值，从而提高产品的总价值；二是通过降低生产和销售成本，减少顾客购买产品或服务的时间、精神和体力的耗费，从而降低货币与非货币成本的耗费与支出。凡是需要顾客付诸体力的活动，都需要顾客支付体力成本。

2. 提高顾客价值的途径

酒店企业可从以下五个方面来设法提高顾客价值。

（1）确定目标顾客。酒店要十分清楚地掌握顾客的动态和特征，首先应区分哪些是对本酒店有重要影响的目标顾客，要将有限的资金和精力用在刀刃上，到处撒网只能枉费资源。同时，酒店要真正做到以顾客为中心。大多数企业在面对顾客时都是尽量拉拢，不敢得罪。美国的一家市场研究公司要将原有顾客砍掉了一半，当公司发展到第14个年头时，生意却越来越好，不少商界巨头也被列入不断增长的顾客名单中。但令人奇怪的是该公司首次出现了利润大幅下降的情况，着实让该公司的决策者纳闷。通过分析顾客对公司贡献的重要程度后，情况一下子明朗了。原来该公司将太多的精力及人力投入到了一些对自己根本没有利润的顾客身上。这种无谓的消耗将公司的业务带入不景气的阶段。一些名气大但贡献微薄的公司，让人难以拒绝，但为重新获得发展，该公司必须无情地放弃很大一部分现有顾客，同时再去争取有利可图的新顾客。这种决定是戏剧性的，这意味着公司一方面要砍掉收入的一部分来源，另一方面又要积极地寻找增加收入的途径。这种策略很独特，但效果不错。不过，这种做法在有些情况下让人感到痛苦。该公司的财务经理在对一个顾客进行分析后发现这个顾客应被列入"拒绝服务"清单，便对上级抱怨："拒绝这样的客户真是太令人难过了！"但他得到的回答是："当你在努力开拓市场的时候，你一定不希望新的生意会给以后更多的生意带来阻碍吧？放弃有时也是一种积极的策略。"

（2）降低顾客成本。顾客成本是顾客在交易中的费用和付出，它表现为金钱、时间、精力和其他方面的损耗。企业经常忘了顾客在交易过程中同样有成本。酒店对降低自己的交易成本有一整套的方法与规程，却很少考虑如何降低顾客的成本。酒店要吸引顾客，首先要评估顾客的关键要求，然后设法降低顾客的总成本，提高顾客价值。因此，分析和控制成本，不能只站在酒店的立场上，还要从顾客的角度，进行全面、系统、综合的评价，才能得到正确的答案。为此，酒店应鼓励从事顾客服务工作的员工，树立顾客总成本的概念和意识，不要把注意力只放在酒店的成本上。

（3）理顺服务流程。酒店要提高顾客总价值、降低顾客总成本而实现更多的让客价值，使自己的产品和服务满足并超出顾客的预期，就必须对酒店的组织和业务流程进行重新的设计，要认真分析酒店的业务流程，进行重新规划和整理，加强内部协作，建立一个保证顾客满意的企业经营团队。要实现这种业务流程重组，必须首先以顾客需求为出发点来确定服务规范和工作流程；然后，以此为标准重新考虑各个相关部门的工作流程应如何调整，以相互配合，达到预期目标。酒店所有经营活动都指向同一个目标，就能为顾客获得更多的顾客价值。

（4）重视内部顾客。顾客的购买行为是一个在消费中寻求尊重的过程，而员工在经营中的参与程度和积极性，很大程度上影响着顾客的满意度。据研究，当企业内部顾客的满意率提高到85%时，企业外部顾客的满意度高达95%。一些跨国企业在对顾客服务的研究中发现员工满意度与企业利润之间是一个"价值链"关系：利润增长主要是由顾客忠诚度刺激的；忠诚是顾客满意的直接结果；满意在很大程度上受到提供给顾客的服务价值的影响；服务价值是由满意、忠诚和有效率的员工创造的；员工满意主要来自企业高质量的支持和激励。提高内部顾客满意度绝不能仅仅依靠金钱，开放式交流、充分授权及员工教育和培训也是好办法。特别注意要赋予一线员工现场决策权。对许多企业来说，控制权掌握在中层管理人员手中，但直接面对顾客的是一线员工。为使顾客满意，应当赋予一线员工在现场采取行动的决策权。因此，高层管理人员应让中层管理人员承担新的角色，中层管理人员必须由原来的政策控制者和严格执行者变成政策执行的疏通者，使一线的行动更加便捷，冲破束缚，使顾客满意。

（5）改进绩效考核。成功和领先的酒店都把顾客满意度作为最重要的竞争要素，经营的唯一宗旨是让顾客满意。因此，他们评价各部门的绩效指标和对管理人员、营销人员的考核指标都是顾客满意度及与顾客满意度有关的指标。如果管理人员和营销人员的目的只在于"成交"，成交又意味着顾客的付出，这就使买卖双方站在对立面。以顾客满意度作为考核的绩效指标，便使双方的关系发生了微妙的变化。他们的共同点都在于"满意"，而利益的一致使双方变得亲近，服务也更发自内心，这样酒店的销售量自然就会不断提高。

二、从顾客满意到顾客忠诚的进化

随着商品经济的不断发展和完善，市场竞争逐渐加剧，酒店企业的经营理念和管理理念也随之升华。

（一）从顾客满意到顾客忠诚的延伸

在20世纪90年代末，顾客满意度（Customer Satisfaction，简称CS）这一理念被进一步拓展为顾客忠诚度（Customer Loyalty，简称CL）。需要说明的是，企业经营理念之间的转变是一种互相包容而非排斥的关系。良好的企业形象构成了顾客满意度的基础，而顾客满意度则是建立顾客忠诚度的前提，两者都是不可或缺的。

从CI到CS，再从CS到CL，这是人类经济发展和社会进步的一种反映，是市场经济发展规律的体现。每一家酒店企业都需要遵循这个规律，不断提高顾客满意度，培育一大批忠诚的顾客。

1. CL理念的基本含义

CL理念的基本含义：企业以满足顾客的需求和期望为目标，有效地消除和预防顾客的抱怨和投诉，不断提高顾客满意度，在企业与顾客之间建立一种相互信任、相互依赖的"质量价值链"。

CL理念侧重于企业的长远利益，注重将近期利益与长远利益相结合，着眼于培养一批忠诚顾客，并通过这个基本消费群去带动和影响更多的潜在消费者接受企业的产品与服务。以顾客忠诚度为标志的市场份额的质量取代了市场份额的规模，成为企业的首要目标。"顾客永远是对的"这一思想被"顾客不全是忠诚的"思想所取代。

2. 顾客忠诚度的衡量标准

顾客忠诚度的高低一般可从以下几个方面进行衡量。

（1）顾客重复购买的次数。在一定时期内，顾客对某一品牌产品重复购买的次数越多，说明顾客对这一品牌的忠诚度越高；反之，则越低。酒店企业产品的特性等因素会影响顾客重复购买的次数，因此，在确定这一指标的合理界限时，需根据不同产品的性质区别对待，不可一概而论。

（2）顾客购买挑选的时间。消费心理研究者认为，顾客购买产品都要经过挑选这一过程。但由于依赖程度的差异，对不同产品，顾客在购买时的挑选时间不尽相同。因此，从购买挑选时间的长短也可以鉴别其对某一品牌的忠诚度。一般来说，顾客挑选时间越短，说明他对这一品牌的忠诚度越高；反之，则说明他对这一品牌的忠诚度越低。

（3）顾客对价格的敏感程度。顾客对企业的产品价格都非常重视，但这并不意味着顾客对各种产品价格的敏感程度相同。事实表明，对于喜爱和信赖的产品，顾客对其价格变动的承受能力强，即敏感度低；而对于不喜爱和不信赖的产品，顾客对其价格变动的承受能力弱，即敏感度高。因此，可根据这一标准来衡量顾客对某一品牌的忠诚度。在运用这一标准时，要注意产品对于顾客的必需程度。产品的必需程度越高，顾客对价格的敏感度越低；而必需程度越低，顾客对价格的敏感度越高。当某种产品供不应求时，顾客对价格不敏感，价格的上涨往往不会导致需求的大幅度减少；当供过于求时，顾客对价格变动就非常敏感，价格稍有上涨，产品就可能滞销。产品的市场竞争程度也会改变顾客对产品价格的敏感度。当某种产品在市场上替代品种多、竞争激烈时，顾客对其价格的敏感度就高；当某种产品在市场上还处于垄断地位，没有任何竞争对手时，那么，顾客对它的价格敏感度就低。在实际工作中，只有排除上面几个方面因素的干扰，才能通过价格敏感指标来科学地评价消费者对一个品牌的忠诚度。

（4）顾客对竞争产品的态度。顾客对某一品牌的态度变化，在大多数情况下是通过与竞争产品的比较而产生的。根据顾客对竞争产品的态度，能够从反面判断其对某一品牌的忠诚度。如果顾客对某一品牌的竞争产品有好感、兴趣浓，就说明其对某一品牌的忠诚度低，购买时很有可能以其取代前者；如果顾客对竞争产品没有好感、兴趣淡，就说明其对某一品牌的忠诚度高，购买指向比较稳定。

（5）顾客对产品质量问题的承受能力。任何一种产品都可能因某种原因出现质量问题，即使是名牌产品也很难避免。若顾客对某一品牌的忠诚度高，则对出现的质量问题会以宽容和同情的态度对待，不会因此而拒绝购买这一产品。若顾客对某一品牌的忠诚度低，则产品出现质量问题（即使是偶然的质量问题）时，顾客也会非常反感，很有可能从此不买该产品。当然，运用这一标准衡量顾客对某一品牌的忠诚度时，要注意区别产品质量问题的性质，是严重问题还是一般性问题，是经常发生的问题还是偶然发生的问题。

（6）购买周期。我们用购买周期来描述购买产品两次所间隔的时间。购买周期是一个非常关键的因素。因为，如果购买周期较长，顾客就可能淡忘原有的消费经历，竞争对手就会乘虚而入。企业可以通过有效的方式，保持与老顾客的联系。显然，顾客忠诚度的高低是由许多因素决定的，而且每一个因素的重要性及影响程度也不同。因此，衡量顾客忠诚度必须综合考虑各种因素指标。

3. 培育忠诚顾客的意义

忠诚的顾客是成功企业最宝贵的财富。美国商业研究报告指出：多次光顾的顾客比初次登门者，可为企业多带来20%～85%的利润；固定顾客数目每增长5%，企业的利润则增加25%。对酒店企业来讲，培育忠诚顾客的意义可以归纳为以下几点。

（1）有利于降低市场开发费用。任何企业的产品和服务都必须为市场所接受，否则这个企业就不可能生存下去，而市场开发的费用一般是很高的。由于酒店产品与服务的相对固定性，建立顾客忠诚度有特殊意义。如果能达到引导顾客反复购买，就可大大降低市场开发费用。据美国管理协会估计，保住一个老顾客的费用只相当于吸引一个新顾客费用的1/6，而且由于老顾客对企业忠诚，对该企业产品与服务高度的信任和崇尚，还会吸引和带来更多的新顾客。企业在推广新产品时，由于忠诚顾客的存在，也可以很快打入市场、打开销路，从而节省新产品的开发费用。

（2）有利于增加酒店经营利润。越来越多的酒店企业认识到，拥有一批忠诚顾客是企业的依靠力量和宝贵财富，多次惠顾的顾客比初次登门者能为企业带来更多的利润，随着企业忠诚顾客的增加，企业利润也随之大幅增加。

（3）有利于增加酒店竞争力。酒店企业之间的竞争，主要在于争夺顾客。实施CL战略，不但可以有效地防止原有顾客转移，而且有助于酒店赢取正面口碑，树立良好形象。借助忠诚顾客的影响，还有助于化解不满意顾客的抱怨，扩大忠诚顾客的队伍，使酒店企业走上良性循环的发展之路。

（二）CL理念在酒店中的运用

CL理念侧重于企业的长远利益，注重于营造一批忠诚顾客。那么，现代酒店经营者如何培养忠诚的顾客队伍呢？

1."消费者非常满意"理论的提出

美国营销大师菲力普·科特勒曾提出了"消费者非常满意（Customer Delight）"的理论。该理论认为，顾客在购买一家企业的产品以后是否会再次购买，取决于顾客对所购产品消费结果是否满意的判断。如果产品提供的实际利益低于顾客的期望，顾客就会不满意，就不会再购买这一产品；如果产品提供的实际利益等于顾客的期望，顾客就会感到满意，但是否继续购买这一产品，仍具有很大的不确定性；如果产品提供的实际利益超过了顾客的期望，顾客就会非常满意，就会产生继续购买的行为。因此，顾客的购后行为取决于他的购买评价，而购买评价又源于购买结果。企业要创造出重复购买企业产品的忠诚顾客，就要使顾客感到非常满意。一般来说，顾客对产品的期望源于他们过去的购买经历、朋友和同事的介绍以及企业的广告承诺等。因此，要超越顾客期望值，关键在于酒店企业首先要将顾客的期望值调节到适当的水平。在调整好顾客期望值的同时，设法超越顾客期望值，给顾客一份意外的惊喜。

（1）做好顾客期望管理。酒店可通过对顾客所做承诺进行管理，可靠地执行所承诺的服务，并与顾客进行有效的沟通来对顾客期望进行有效的管理。

（2）设法超越顾客期望。期望管理为超出期望铺垫了道路。期望管理失败的一个主要原因是无法超出期望。受到管理的期望为超出期望提供了坚实的基础，可利用服务传送和服务重现所提供的机会来超出顾客的期望。

2. 顾客关系管理的推行

在现代市场竞争中，酒店企业的生存不再靠一成不变的产品来维持，而是靠为顾客提供全新服务、全新价值来换取长期的顾客忠诚，形成竞争者难以取代的竞争力，并与顾客建立长期的互惠关系，才能得以生存。在当今竞争激烈的市场环境中，越来越多的酒店企业开始通过"顾客关系管理（Customer Relationship Management，简称CRM）"来赢得更多的顾客，从而提高顾客忠诚度。

（1）顾客关系管理的概念。顾客关系管理是一个通过详细掌握顾客有关资料，对酒店企业与顾客之间关系实施有效控制并不断加以改进，以实现顾客价值最大化的协调活动。顾客关系管理源于以顾客为中心的新型经营模式，它是一个不断加强与顾客交流、不断了解顾客需求、不断对产品及服务进行改进和提高，以满足顾客需求的连续过程。它要求向酒店的销售、服务等部门和人员提供全面的、个性化的顾客资料，并强化跟踪服务和信息分析能力，与顾客协同建立一系列卓有成效的"一对一关系"，使酒店企业能提供更快捷和更周到的优质服务，提高顾客满意度，从而吸引更多的顾客。

（2）顾客关系管理的运作流程。要做好顾客关系管理，首先要形成完整的运作流程，其流程主要包括以下几个方面。

①收集资料。

②对顾客进行分类。

③规划与设计营销活动。

④例行活动的管理。

⑤建立标准化分析与评价模型。

以上各个环节必须环环相扣，形成一个不断循环的运作流程，从而以最适当的途径，在正确的节点上将最适当的产品和服务传递给真正有需求的顾客，创造企业与顾客双赢的局面。

（3）顾客关系管理的重点。现代酒店企业为了提高顾客关系管理的水平，应重点抓好以下几个方面。

①不断识别顾客，分析顾客的变化情况。

②识别不同顾客对酒店的影响，抓住重点顾客。

③加强与顾客的沟通和互动。

④根据分析的结果，提出改善酒店与顾客关系的对策。

三、从顾客满意到员工满意的升华

20世纪末，随着服务利润链理论研究的深入，企业经营理念开始深化，进而发展成ES战略（员工满意度战略）。

（一）从顾客满意度到员工满意度的拓展

赢得顾客，并最终实现企业盈利，一直是现代企业的核心目标。然而，越来越多的研究显示，员工满意度与顾客满意度紧密相连：只有当员工感到满意时，顾客才会感到满意。因此，企业经营从侧重顾客满意度转变为重视员工满意度，这是理念的升华。

1. ES理念的基本含义

员工满意度（Employee Satisfaction，简称ES）理念的核心在于：企业只有确保员工满意，才能保证顾客满意。员工是企业与顾客之间的桥梁，他们的行为和服务结果直接影响顾客对服务质量的感知。因此，服务行业的企业必须有效地选拔、培训和激励直接面对顾客的员工，确保他们的高满意度，进而确保顾客的高满意度。

ES战略注重建立企业文化和提升员工忠诚度，将人力资源管理视为企业竞争力的基石，并将员工满意度视为实现顾客满意度的关键起点。

2. 员工满意的内涵

世界蒙华酒店公司"四季集团"的主席夏奕斯有一句名言，"我们怎样地尊重自己的员工，他们就会以同样的尊重回报我们的客人"。这始终是"四季"成功的驱动力。现代酒店重视员工满意的理念，主要体现在以下六个"两"字：

（1）两个第一。两个第一是指对内员工第一，对外顾客第一。只有做到对内员工第一，才有可能做到对外顾客第一。

（2）两个之家。两个之家即酒店是员工之家和宾客之家。只有使酒店成为员工之家，才有可能使酒店成为宾客之家。

（3）两个理解。两个理解是指管理者理解员工，员工理解顾客。只有做到管理者理解员工，才有可能使员工理解顾客。

（4）两个微笑。两个微笑是指管理者对员工露出真诚微笑，员工对顾客露出真诚微笑。只有管理者对员工露出真诚微笑，才会有员工对顾客的真诚微笑。

（5）两个服务。两个服务是指管理者服务于员工，员工服务于顾客。要让员工对顾客提供好的服务，管理者首先要对员工提供好的服务。

（6）两个满意。两个满意是指员工满意，顾客满意。只有赢得员工满意，才能最终赢得顾客的满意。

3. 员工满意的意义

员工满意理念的强化，源于"服务利润链"理论研究的结果。"服务利润链"理论认为，在企业利润、顾客忠诚度、顾客满意度、提供给顾客的产品与服务的价值、员工满意度、员工忠诚度及效率之间存在直接相关的联系。

（1）顾客忠诚度决定企业的获利能力。顾客忠诚度的提高能促进企业获利能力的增强。忠诚顾客所提供的销售收入和利润往往在企业的销售额和利润总额中占有很高的比例。这些收入不仅是企业所有利润的主要来源，同时还能弥补企业在与非忠诚顾客交易时发生的损失。因此，忠诚顾客的多少决定了市场份额的大小，这比用实际顾客的多少来衡量市场份额的规模更有意义。

（2）顾客满意度决定顾客忠诚度。顾客忠诚度是由顾客的满意度决定的。顾客之所以对某企业的产品或服务表现出忠诚，视其为最佳和唯一的选择，首先是因为他对企业提供的产品和服务满意。在经历了几次满意的购买和使用后，顾客的忠诚度就会随之提高。1991年，施乐公司曾对全球48万个用户进行调查，要求他们对公司的产品和服务给予评价。评分标准从1分到5分，分别表示其满意程度。结果发现，给4分（满意）和给5分（非常满意）的顾客，其忠诚度相差很大：给5分的顾客购买施乐设备的倾向性高出给4分顾客的6倍。

（3）消费价值决定顾客满意度。顾客满意度由其所获得的价值决定。顾客获得的总价值是指顾客购买某一产品或服务所获得的全部利益，它包括产品价值、服务价值、人员价值和形象价值等。顾客的总成本是指顾客为购买某一产品所耗费的时间、精力、体力以及交付的货币等。顾客的价值是指顾客获得的总价值与顾客付出的总成本之间的差额。顾客在购买产品时，总希望成本低，利益大，以使自己的需要得到最大限度的满足。因此，顾客所获得的价值越大，其满意度越高。

（4）员工工作效率决定消费价值。高价值源于企业员工的高效率。企业员工的工作是价值产生的必然途径，员工的工作效率直接决定了其创造价值的高低。美国西北航空公司便是以高工作效率创造出高服务价值的一个典范：公司在进行岗位设计时尽可能使每个员工独立负责更多的工作以提高工作效率，该公司14000位职员中有80%是独立工作，这种工作模式使飞机利用率比其主要竞争对手高出40%；同时，该公司的驾驶员平均每月飞行70小时，而其他航空公司只有50小时；此外，该公司的日承运量比竞争对手高出3～4倍。事实证明，顾客因员工的高效率而获得更高的价值。

（5）员工忠诚度决定员工工作效率。员工忠诚度的提高能促进其工作效率的提高。员工的忠诚度高意味着员工对企业的未来发展有信心，员工为成为企业的一员而感到骄傲，关心企业的经营发展状况，并愿意为之效力。因此，忠诚度高的员工自觉担当起一定的工作责任，为企业努力工作，工作效率自然就提高了。

（6）员工满意度决定员工忠诚度。顾客的忠诚度取决于顾客对企业产品和服务的满意度，员工的忠诚度同样取决于员工对企业的满意度。根据1991年美国一家公司对其员工的调查，在所有对公司不满意的员工中，30%的人有意离开公司，其潜在的离职率比对公司满意的员工的离职率高出3倍。这一结果显示出员工忠诚度与其满意度之间的内在联系。

（7）内在服务质量决定员工满意度。企业的内在服务质量是决定员工满意度的重要因素。员工对企业的满意度主要取决于两个方面：一是企业提供的外在服务质量，如薪金、红包、福利和舒适的工作环境等；二是内在的服务质量，即员工对工作及对同事持有的态度和感情。若员工对工作本身满意，同事之间关系融洽，则内在服务质量是较高的。服务利润链揭示的因素及其相互关系表明，企业要获得顾客的满意，首先必须赢得员工的满意。

（二）"ES"理念在酒店中的运用

"ES"理念注意员工忠诚度的培育，将员工满意作为达到顾客满意目标的出发点。

1. 内部营销理论的提出

内部营销是指公司通过选聘、培训和激励机制，以使员工很好地为顾客服务的工作。它包括两个要点：一是将企业内的员工视作内部顾客，各部门则作为内部供应商，通过在内部提供优质服务，进而向外部顾客提供同等水平的服务，从而优化企业运作；二是确保所有员工对企业的使命、战略及目标有共同的认识，并在服务顾客时，作为企业的忠诚代表。

对于大多数服务来说，服务人员与服务是不可分的。会计师是财会服务的主要部分，医生是健康服务的主要部分。服务是一种行为，这种行为又是劳动密集型的。因此，对于服务企业，特别是劳动密集型的酒店企业，员工的素质影响服务的质量，进而影响市场营销的效率。为了成功地实现市场营销，现代酒店必须进行成功的内部营销，必须向企业的员工和潜在员工推销。企业对待内部顾客要像对待外部顾客一样，其竞争同样激烈、富于想象力和挑战性。

内部营销是一项管理战略，其核心是发展对员工的顾客意识。在把产品和服务通过营销活动推向外部市场之前，应将其对内部员工进行营销。任何一家企业都应认识到，企业中存在着一个内部员工市场。内部营销作为一种管理过程，能以两种方式将企业的各种功能结合起来。首先，内部营销能保证企业所有级别的员工理解并体验企业的业务及各种活动；其次，它能保证所有员工能够得到足够的激励并准备以服务为导向进行工作。内部营销强调的是企业在成功实现与外部市场有关的目标之前，必须有效地完成组织与员工之间的内部交换过程。

内部营销颇具吸引力。企业通过向员工提供让其满意的"工作产品"，吸引、发展、培养和稳定高水平的员工队伍。内部营销的宗旨是把员工当作顾客看待，创造"工作产品"，使其符合个人需求。

内部营销的目标是达成高效的市场营销行为。内部营销的成员能够而且愿意为企业创造"真正的顾客"。内部营销的最终策略是把员工培养成"真正的顾客"。

从管理方面看，内部营销的功能主要是将目标设定为争取到自发又具有顾客意识的员工；从策略方面看，内部营销的目标是创造一种内部环境，以促使员工之间维持顾客意识和销售关注度；从战术方面看，内部营销的目标是向员工推销服务、宣传并激励营销工作。

2. 企业文化的培育

现代酒店的"ES"战略注重企业文化。所谓企业文化，就是企业员工在长期的生产经营活动过程中培育形成并共同遵守的最高目标、价值标准、基本信念及行为规范。主要包括企业的最高目标和宗旨、共同价值观、作风及传统、行为规范和规章制度、企业环境和公共关系、企业形象识别系统、培育和造就杰出团队英雄人物等。

（1）企业文化的内涵

①企业文化是一种经济文化。企业是通过一定的资源投入获得产出的基本经济单位，因此，企业文化必然反映企业的最高经营目标、经营思想、经营哲学、发展战略及有关制

度等。换句话说，没有企业的经营活动就没有企业文化的产生。另外，企业文化会伴随着内外环境的变化而动态地运行，有时需要局部的调整，有时则要做较大的变动，根本原因在于企业文化是为经营目标服务的。反之，企业文化也会成为企业变革的障碍。企业文化一经确立，就会有持久的稳定性，可能会与环境的动态性发生矛盾，抵制新观念、新思想。企业经营活动中的物质形态也会折射出企业文化的不同层面，产品的特色反映了企业的经营观和顾客观，工作环境折射出企业的审美观和对员工的情感。总之，企业文化会渗透到酒店生产、经营、管理、技术等经济活动的方方面面，影响经济活动的效果。

②企业文化是一种管理文化。管理是通过有效配置企业资源，以达到组织目标的过程。人是管理中最核心、最复杂的要素，只有人才能调动、利用其他资源；只有人的富有创造性的活动才能使企业的管理有条不紊。因此，管理的核心内容就是如何发挥人的积极性、主动性、创造性，并将其与其他资源有机结合起来，提高资源的配置效率，从而为实现企业的目标服务。企业文化对调节人的因素发挥巨大作用，通过群体意识的软约束机制，可以在酒店内部形成互相尊重、互相关心、人际关系和谐、团结一致的人文主义氛围，使管理效能得到有效的发挥。

③企业文化是一种组织文化。为了实现既定的企业目标，分工与合作涉及不同的权力层次和责任制度构成的组织，必须设置一定的组织原则、组织结构、组织过程及规章制度作为保障，这是组织的外在保障体系；而内在的约束机制是企业文化，它可以形成共同的群体意识及行为标准，使组织内部的权力、责任明确，利益均衡，形成团结互助的氛围。双层的约束机制可以有效保证组织目标的实现。另外，企业文化产生于特定的组织。当组织原则、组织结构、组织过程及组织环境发生变化时，企业文化的动态性就要表现出来，否则企业文化将制约组织目标的实现。

（2）企业文化的功能。

①引导功能。企业文化以各种方式暗示企业提倡什么、崇尚什么、员工应追求什么，以此来引导员工为实现企业的目标而自觉努力。一方面直接引导员工的性格、心理、思维和行为，这是浅层次的导向功能；另一方面通过整体价值观的认同，引导员工进行自我约束，调整公私之间的平衡，这是深层次的导向功能。良好的企业文化应当引导员工自觉投身于企业的发展和建设，而使烦琐的硬性规章制度显得不那么生硬。

②整合功能。在社会系统中，凝聚个体的主要力量来自心理的作用。企业文化以微妙的方式沟通与员工的感情，在无形中将个体不同的信念、理想、作风、情操融合在一起，形成群体的认同感，将组织成员团结在一起。员工通过亲身的感受，产生对企业的归属感从而自觉地将自己的思维、感情和行为方式与企业的目标联系起来，产生使命感，从

而最大限度地发挥自己的能动性。

③激励功能。激励是通过外部的刺激，使个体的心理状态迸发出进取、向上的力量的一种方式。在企业中，对员工最好的激励是营造一种充满尊重的氛围并提供自我发展的空间。企业文化通过创造人文主义的氛围，使员工感受到企业对他们的尊重，从而激发他们的创造热情。另外，企业文化通过营造一种和谐、宽松的氛围，为员工创造自由发挥的空间，使他们把自我实现的心理需求与企业的崇高目标有机结合起来，从而产生一种极大的激励作用。激励功能的深层次意义是一种精神的促进作用，其效果是长久的。

④约束功能。企业要正常运转，需要利用约束机制来统一不同个性员工的思想和行为，企业文化在这方面发挥着巨大的作用。酒店中有店规店纪、奖惩制度、文件命令等文字形式的管理制度，这是企业文化的表层约束机制。企业文化更注重深层次的约束，即通过社会文化亲和力来实现约束功能。人生活在一定的社会文化环境中，受特定文化的熏陶与感染，会不自觉地向群体靠拢，接受组织文化的约束，以期获得组织成员的认同。若不能被组织成员认同，则会产生挫折感。

⑤辐射功能。在企业发展的初始阶段，企业文化的影响力较小，仅限于组织内部。当企业实力逐渐增强，企业与外界交往日渐增多时，强势企业文化开始向外扩展，并通过公共关系、业务关系、企业形象等渠道，将丰富的文化内涵展现在公众面前。这种辐射力作用会传递到周围区域，使某些社区带上企业文化的特征。

⑥稳定功能。企业文化是一代甚至几代人努力的结果，其精神内容会逐渐渗透到企业的各个层面，一旦确立就很难在短期内改变，其作用的发挥将持续较长时期，甚至当外界环境发生变化时，都不会轻易改变。稳定功能可以使企业文化中的精华长久地保存下去，促进企业健康地发展；但其也有不利的一面，即企业文化中保守的东西会排斥新文化，阻碍变革的实施。

（3）企业文化的建设。现代酒店企业文化建设是一项长期任务，需要广泛而持久的行动计划的支持。其做法如下。

①确立服务战略。根据市场竞争的需要确立服务导向战略，战略主要反映在服务理念、工作宗旨、人际关系和用人哲学上，由此引导企业文化的建立。

②优化组织结构模式。优化组织结构模式主要反映在组织结构的改进上。组织结构设计因素必须同服务的生产和输送相配合。组织结构越复杂，传递的环节越多，遇到的问题也会越多，不利于酒店快捷服务和灵活决策。组织的扁平化可以减少管理层次，实现人力资源结构的合理配置，充实直接面向顾客的服务队伍，保证服务组织的有效性，并进行运作体系、日常规程和工作流程的改进。

③提高领导能力。通过建立服务导向的领导体系可以促进良好服务的实现，领导的作用主要反映在训导、沟通、组织方面。酒店的服务宗旨、制度的实现需要领导以身作则。领导要与员工沟通，关心员工，由此形成融洽的工作氛围，促进企业文化成为所有员工的共同愿景。

④服务培训引导。自上而下的培训是形成企业文化的重要保证。对员工进行必要的知识和态度的培训，可以促进酒店优良服务的实现。如果期望高层管理、中层管理及相关工作人员都以服务导向为动机去思考和行动，就要让他们掌握以下知识：组织如何运作、顾客关系由什么构成，以及组织希望个人做些什么。如果一个人不了解企业正在进行什么及为什么这样，他就不可能主动地做好工作。知识的培训和态度的培训相辅相成。

第三章

酒店组织管理

第一节　酒店组织管理的内容与原则探析

一、组织的概念

一般说来，组织是指具有共同目标的人群的集合，也是人类社会生活中最常见、最普遍的社会团体形式之一。

管理学意义上的组织有两个含义。首先，它作为一种机构形式，是指通过某种规范联系起来的，并为实现某一共同目标而进行协作的一个集体。其次，它作为一次活动过程，是指为实现某一目标而协调人群活动的一切工作。前者如家庭、学校、企业、机关、医院、军队、国家等，这类组织是促成管理绩效产生的工具，一切协调活动都必须以建立一定的组织结构为前提和基础。后者作为一种活动的过程，其对象是组织内各种可控的资源，组织活动就是为了实现组织的整体目标而有效配置各种资源的过程。

组织必须具备以下三个基本特点。

（一）组织是一个有机的整体

组织是为实现共同目标而在时间上、空间上协调人们劳动分工、协作和有效决策的有机体。

从广义上说，组织是指由诸多要素按照一定方式相互联系起来的系统。从狭义上说，组织就是指人们为了实现一定的目标，互相协作结合而成的集体或团体，如党团组织、工会组织、企业、军事组织等。在组织中，全体人员按照不同的分工和职责处于不同的层次。管理者必须从管理学和心理学的角度出发，开展组织设计、组织分工和组织管理工作。

（二）组织是为管理服务的

首先，组织机构必须适应企业的特点。企业的性质、规模、档次不同，组织机构也应不同。其次，组织内部应该确定科学的分工协作，使各级成员能充分发挥自己的聪明才智。再次，组织管理必须创造良好的沟通环境，使横向和纵向联系都十分顺畅，以便发挥群体动力。最后，组织必须适应社会环境，包括市场环境、经营环境等。

（三）组织过程复杂

组织不仅是指组织机构，还包括组织管理过程。

组织管理就是通过制定合理的组织结构，并设立组织的规章制度、行为规范、监督机制等，将企业的人力、物力和财力以及各种资源进行有效的整合利用，从而形成一个完整的系统机构，促进组织目标的实现。

酒店组织管理是指科学地设置酒店管理机构，不断优化组织系统和劳动组织，把酒店经营活动的各个环节、各个要素有机结合起来，以提高工作效率，实现酒店的经营目标。

二、酒店组织管理的要求和内容

（一）酒店组织管理的要求

酒店组织管理是为了满足接待活动需要，以一定的管理目标为宗旨，将员工组织起来的一种管理系统。酒店组织管理系统应该遵循以下要求。

1. 岗位职责规范制度化

一些传统的酒店管理者认为"制度管理不如现场管理"。现场管理或许高效，却可能导致酒店花大量心血建立的管理制度流于形式，酒店的主要管理者因陷于具体琐事而无暇考虑企业发展大计，在一定程度上导致企业战略性失误。目前国内酒店业通行的是基于岗位责任制的制度化管理，这一做法革除了传统的以"人治"为主的企业管理的随意性。

2. 产权清晰，组织管理系统化

"产权清晰"就是组织机构的最高层要由投资主体、投资人代表组成，最高层主要起到对重大问题的决策领导和经济监督作用。他们不宜直接从事具体的酒店接待服务和经营管理工作，这些具体的经营管理工作要聘请以总经理为首的职业经理来承担。这样，产权人只维护产权利益，不参与具体经营管理；经营者只关心经营好坏，不拥有企业财产所有权，并根据自身能力和经营绩效来获得必要的报酬。

"组织管理系统化"就是要从系统观念出发，从整体利益出发，做好酒店组织机构的设计、人员安排、职权分配，制定好酒店管理制度、议事规则、各岗人员的职责规范等，使整个酒店的各项管理和服务工作成为一个系统。

3. 等级清晰，管理幅度合理化

一般情况下，酒店组织机构的等级多少要根据企业规模来确定，而且不同等级和同一等级的各岗管理人员的职权划分一定要清晰明确，不能出现权力不清、职权交叉、互相冲突等情况。正常情况下，一个下级只能有一个上级领导，不能出现多头领导现象。除此之外，酒店的管理幅度还应根据实际需要来确定。

4. 机构精减，管理工作效率化

精减和效率是现代企业组织管理的基本要求。酒店运用组织机构进行管理时要注意因事设人，保证各岗人员工作量饱满，防止出现人浮于事的现象，否则不仅会增加开支和成本，还会影响工作效率。流畅的沟通渠道是针对组织机构的信息系统而言的，在酒店管理中，若无顺畅的信息沟通，管理人员之间、上下层级之间必然发生信息阻塞，导致决策失误，管理效率下降，从而严重影响服务质量和经济效益。除此之外，传递重要工作信息要规定明确的完成时限，这样才能使各级管理人员树立强烈的时间观念，进而提高工作效率。

5. 有效协调和团队精神

酒店在组织管理的过程中还应该强调有效协调和团队精神。团队精神不单是对员工的要求，更应该是对管理者的要求，它是组织文化的一部分，也是组织管理的有效途径，对管理者实现组织目标起着重要的作用。团队精神的培养，可以使酒店员工齐心协力，拧成一股绳，朝着一个目标努力。团队精神还具有潜移默化的影响功能，通过团队内部所形成的观念的力量，去约束、规范、引导职工的个体行为。这种影响可由影响职工的行为转向影响职工的意识，由影响职工的短期行为转向影响其价值观。

（二）酒店组织管理的内容

酒店组织管理活动的内容包含两个方面：①酒店社会结构的组织——主要是指人们在酒店管理中的分工协作和相互管理，它以组织机构的建立、职责权限的划分为中心。②酒店物质结构的组织——主要是指合理配备和使用酒店的物质资源，以降低消耗。由于物质结构的组织是通过社会结构的组织来实现的，因此酒店组织管理的关键在于对人力资源的调配和使用，以充分调动广大管理者和员工的主动性、积极性和创造性。

酒店组织管理的具体内容如下。

1. 酒店组织结构

（1）酒店部门设置和层次划分。一般情况下，酒店根据本身的规模和决策，把业务合理地分成几大类，内容性质相同或相近的业务归为一类，当业务量达到一定程度后就形成部门。部门的形成解决了组织管理中酒店横向结构的问题，纵向结构则是确定各部门的层次划分和组织跨度，每一个跨度形成大小不等的业务范围。由于业务范围的不同，由下到上、由小到大形成了组织管理的各层次。

酒店组织的横向结构和纵向结构组成了酒店的组织结构。酒店组织结构主要有销售部、公关部、前厅部、客房部、餐饮部、娱乐部、康乐部、商品部等前台部门；人力资源部、财务部、工程部、保安部、采供部、办公室等后台部门。

（2）酒店业务范围归属。酒店的业务种类繁多。当部门和层次确定后，酒店要把所有的业务归属到各部门各业务单元中去，如餐饮、客房、娱乐、商务、公共卫生等。对于可归入多个部门的业务，特别是一些有交叉内容的业务，应该根据酒店的决策和业务归属的合理性给予明确安排。

（3）岗位和岗位职责的确定。在部门、层次、业务范围都确定之后，下一步就是确定各岗位和岗位职责，如由什么人，去完成什么工作，要达到什么标准等。酒店的组织结构是由酒店营业部门和酒店职能部门两大块构成的。其中，酒店营业部门主要包括前厅部、客房部、餐饮部、康乐部、商品部等，酒店职能部门主要包括人力资源部、保安部、销售部、财务部和工程部等。

（4）业务的组织联系。当酒店的组织结构基本构成后，组织要运行，就会有内部的相互间的联系，所以，必须设计组织纵向和横向的联系，建立信息系统，选择信息载体，再设计信息传输、信息利用、信息反馈的线路和内容，以形成酒店的业务组织。

2. 人员的配备

人员配备是人力资源管理中最困难、最复杂的环节。在酒店管理中，用人的能力是管理者、特别是最高层管理者最应具备的能力。

酒店在人员任用中，要坚持"德才兼备，以德为重"的原则，还要做到知人善任，用人不疑，疑人不用。在人员配备过程中，按照人员配备程序操作：①确定候选人名单。②由人事部门和酒店相应层次的管理层对候选人进行考察考核。③根据管辖层次，由相应的管理层通过集体决策的方式确定该管理岗位的管理人员。

3. 任务的分配

任务的分配就是把组织目标的具体任务分解落实到各部门。

（1）建立目标。建立目标是组织管理实施的第一阶段。目标是一个组织中各项管理活动所指向的终点。酒店目标是在分析企业外部环境和内部条件的基础上确定的酒店各项活动的发展方向和奋斗目标，是酒店经营思想或宗旨的具体化。建立酒店目标首先要明确酒店的使命宗旨，并结合内外环境决定一定期限内的具体工作目标。

（2）分解指标和分配任务。酒店组织管理要在综合平衡的基础上根据业务决策、业务设计把与指标配套的业务任务分配到各部门。也就是说，把总目标分解成各部门的分目标和个人目标，使所有员工都乐于接受酒店的目标，明确自己应承担的责任。

（3）目标的控制。为保证酒店组织目标的顺利实现，管理者必须进行目标控制，随时了解目标实施情况，及时发现问题并协助解决。必要时，也可以根据环境变化对目标进行一定的修正和变更。

（4）目标的考核。有了任务的分配，必定有对目标和任务的考核。考核是按部门和阶段进行的，考核按各部门不同的考核项目进行，阶段可以是月、季、半年、一年。目标管理注重结果，对部门及个人目标的完成情况必须经过自我评定、群众评议和领导评审三个环节。通过评价活动，肯定成绩，发现问题，及时总结目标执行过程中的成绩与不足，以完善下一个目标管理过程。

4. 编制定员

编制定员是核定并配备各岗位、各班组、各部门及全酒店管理人员和服务人员的数量。

（1）编制定员核定。编制定员是个定数，酒店实际用工是个变数，它是围绕编制定员上下浮动的。编制定员核定包括以班组为基础进行人员核定、定量分析、相关因素分析，最后确定定员。

（2）用工类型。用工类型是指酒店所有员工因与酒店的关系性质不同而形成的几种不同的类型。酒店用工类型的不同决定了员工与酒店的所属关系、契约关系、经济关系、劳动关系。

5. 劳动组织

劳动组织是通过一定的形式和方法使人和设施合理结合，组成岗位劳动，使岗位劳动关系形成业务流程，使流程相互联系和协作，以便和谐地完成宾客接待的过程。劳动组织有两层含义：一是将单个的劳动组合成集体劳动，形成一个协作组织；二是纵向形成业务流程，完成酒店特定的接待过程。

（1）业务流程和协作。组织管理明确了岗位职责以后，要把有前后联系的相关岗位按一定的程序连贯起来形成一个过程，这叫业务流程。业务流程包括时序上的设计、空间上的联系，是时空的合理结合。

（2）排班。排班就是排定班次，是根据各岗位及由岗位组成的班组的业务规律，规定班组人员的工作时间、时间段和作业内容。排班可以按作业时间排成早、中、晚等时间班，也可以按业务内容排成业务班，如客房的卫生班和值台班，前厅的总台班和总机班等。时间班和业务班不是截然分开的，它们是交错联系的。由于酒店业务内容较多，各业务内容又不相同，所以酒店各部门的排班也多种多样。排班主要是基层管理者的职责。排班要从实际出发，因事因时而定。

三、酒店组织管理的原则

酒店组织各项内容的施行需要有一套准则，这就是酒店组织管理原则。

（一）等级链和统一指挥原则

酒店作为一个组织系统，从上到下形成了各管理层次，从最高层次的管理者到最低层次的管理者之间形成了一个链条系统结构，这就是酒店组织的等级链。一个好的酒店组织只将最高命令发布权授予一个人。每个酒店员工应该只有一个直属上司，只听从一个人的直接指挥。

（二）目标导向原则

酒店管理的一切都是为了目标，没有目标也就用不着管理，也就不需要组织机构。酒店的目标就是效益，即社会效益和经济效益的统一。

（三）管理幅度与授权原则

管理机构之所以形成某种形式的组织结构，其基本原因在于管理幅度的限制。管理幅度是管理者基于精力、知识结构、时间和经验等因素能够有效领导、监督、直接指挥下属的人数。酒店组织根据管理幅度而分成多个管理层次，每个层次的管理者要对目标、对上司和下级负责。管理者要管理自己范围内的业务，就要拥有权力，组织管理的原则是对各级管理者进行授权。

（四）权责相当原则

权即职权，是指在一定职位上拥有的指挥权、决策权，这是管理者所必需的管理权限；责即职责，是指在各自职位上应该履行的义务和责任，各个部门、各个岗位的职责范围都应由酒店明确规定。职责是义务,职权是履行职责时所运用的力量和工具,所以二者必须协调好,如果只有职责没有权力,将会极大地束缚管理者的积极性;但若拥有权力却不履行职责,将会导致权力滥用,对酒店的发展极为不利。所以,权责相当原则要求逐级授权、分层管理、权责清晰,充分调动各级管理者的主观能动性。每位管理者在拥有一定权力的同时也必须承担相应的责任,责任更应该落实到相关的个人,坚决杜绝权责分离。

(五)动态平衡原则

酒店的组织机构设置是和酒店的规模、发展水平相关的。一般来说,在规模较小的酒店管理中,权力可以更集中一些,在满足经营管理需要的前提下,尽可能把人员和机构数量减少到最低限度,使组织机构的规模和所承担的任务相适应;在规模较大的企业中,高层管理者要适度授权,不必事必躬亲,同时要对被授权的组织机构有一定的制约作用,确保各部门相互联系,相互监督。

(六)团结一致原则

组织是一个系统,酒店组织要把系统中的各种资源聚集成一股力量并指向统一的目标,而酒店目标的实现也要靠酒店全体员工的万众一心。因此,酒店内部必须做好团结工作。首先,各级管理人员在组织团结一致方面应起模范表率作用,对不团结现象保持高度的警惕并及时消除不团结隐患。其次,以制度的形式界定破坏团结的范围,并出台相关的处罚手段。再次,要加强酒店的企业文化建设,使员工之间互相尊重,互相关心,团结友爱,一致进步。

第二节 酒店组织的企业制度与管理体制

一、酒店企业制度的特点

现代企业制度是指以市场经济为前提,以规范和完善的企业法人制度为主体,以有限责任制度为核心,以公司企业为主要形态,以产权明晰、权责明确、政企分开、管理科学为条件,适应社会化大生产要求的一整套科学的企业组织制度和管理制度。

酒店企业制度有以下几个方面的特点。

（一）产权关系清晰

在现代企业制度下，国有资产所有权属于国家，企业拥有包括国家在内的出资者投资形成的全部法人财产权，是享有民事权利、承担民事责任的法人实体。

"产权清晰"就是指酒店组织机构的最高层要由投资主体、投资人代表组成，他们起到对重大问题的决策领导和经济监督作用。酒店的设立必须有明确的出资者，必须有法定的资本金。出资者享有酒店的产权，拥有酒店的法人财产权。

（二）政企职责分开

在现代企业制度下，政府和企业的关系体现为法律关系。政府依法管理企业，企业依法经营，不受政府部门的直接干预。政府对企业的管理和调控职能通过金融、税收、财政等经济手段以及一些中间组织的作用行使。政府对企业的干预主要体现在反垄断、对必不可少的进出口下限额和极少数产品价格的控制、对企业缴纳某些强制性社会保险和资源环境保护义务的监督等。这些干预必须是严格依法进行的。

酒店要实施政企职责分开。政府不直接参与酒店的生产经营活动，不按行政机构来管理酒店。要明确酒店是经济组织，不应承担政府的行政管理职能，酒店不规定行政级别，酒店员工不纳入国家干部序列来进行管理，取消酒店和政府之间的行政隶属关系，酒店摆脱对行政机关的附属地位，不再依赖政府。

（三）法人制度健全

建立现代企业制度应该完善和健全企业的法人制度。在传统的计划经济体制下，国有企业作为国家行政机构的附属物，没有独立的法人地位，国家是唯一的投资主体，也无法形成市场竞争。国家虽然通过立法形式建立了企业法人制度，但这是一种不完整的法人制度。

在现代企业制度管理中，酒店拥有法人财产权，通过建立资本金制度和资产经营责任制，使自负盈亏的责任落实到酒店一方，促使酒店根据市场供求关系和价值规律支配、使用、处理、运作自己的资产，盘活资产存量，实现有效增值。通过法人财产权的建立，酒店真正成为自主经营、自负盈亏的商品生产者和经营者，成为了适应市场经济体制运行要求的多元经济主体，有利于市场在国家宏观调配下发挥对资源配置的基础性作用。

二、酒店企业制度的形式和特征

有限责任公司和股份有限责任公司是现代企业制度的两种主要形式，在现代企业制度的建立和运行过程中发挥着重要作用。

（一）国有独资酒店有限责任公司

国有独资公司是《中华人民共和国公司法》（以下简称《公司法》）为适应建立现代企业制度的需要，结合我国的实际情况而设立的。国有独资公司是指由国家授权投资的机构或者由国家授权的部门单独出资设立的有限责任公司。国有独资公司是有限责任公司，它符合有限责任公司的一般特征。股东以其出资额为限对公司承担责任，公司以其全部法人财产对公司的债务承担责任。但同时国有独资公司是一种特殊的有限责任公司，其特殊性表现为该有限责任公司的股东只有一个，就是国家。

国有独资酒店有限责任公司的特点如下。

（1）由国家授权以国有资产投资设立的公司，非国有资产投资或者混合经济的都不在此列。

（2）只有一个投资主体即单独投资主体，即使都是国有资产投资而有两个以上投资主体的也不在此列。

（3）采用有限责任公司形式，可以对这种形式有特别规定，但是不采用公司形式的，不能作为国有独资公司。

（二）酒店有限责任公司

有限责任公司适合于经营风险较大的公司，市场供求变化剧烈的公司，所需信用程度不是很高的公司，以及股东之间比较亲密和熟悉的公司。有限责任公司特别适合中小企业和合资经营企业。

酒店有限责任公司的法律特征如下。

（1）酒店股东以其出资额为限，对酒店债务负有限清偿责任，酒店以其全部资产对酒店债务承担全部责任。

（2）酒店不得发行股票。酒店股东各自的出资额一般由其自行协商确定，在交付了各自应付的股金后，由酒店出具书面的股份证书，作为其在酒店中享有权益的凭证。酒店内部细则禁止酒店邀请公众公开认购其股票，也不允许在证券交易所公开出售。

（3）酒店的股份一般不得任意转让，若发生特殊情况需要转让，必须经全体股东一致同意。如果某一股东欲转让其股份，其他股东有优先购买权。

（4）股东可以作为酒店雇员直接参与酒店管理。酒店的大部分股东积极地参与酒店业务的管理，其股份不仅仅是单纯的投资，还是他们收入的主要来源。

（三）酒店股份有限公司

股份有限公司的经营机制和运行规则需要组织机制来保证。在股份有限公司中，股东的权益通过股东大会来保证，并通过由股东大会确定的监事会来监督。公司的拥有者和管理者是相互分离的，负责公司经营管理活动的不是股东，而是一个专门班子。

酒店股份有限公司有以下几个方面的特征。

1. 自负盈亏的产权管理机制

股份有限公司的产权关系是明晰的，界定是清楚的。酒店的投资者即酒店资产所有者，不一定直接参与酒店的经营活动。酒店的经营者即经理人员，也不一定是资产的直接占有者。

2. 自主经营的决策机制

酒店依法经营，按照市场需求进行决策，拥有经营自主权。酒店的经营自主权受到保护，任何部门、单位和个人均不得非法干预和侵犯。

3. 自我发展的积累机制

酒店依照《公司法》和公司章程进行利润分配。对于公积金的提取、股利的分配和还贷等都按照有关规范进行，从而形成良好的自我发展积累机制。

4. 自我约束的利益和风险机制

酒店中股东、董事会、经理乃至职工的利益是一致的。酒店经营的好坏，与他们的利益直接相关，他们一起承担着风险和责任。

（四）酒店企业制度的运作方式

1. 董事会对酒店公司的经营决策行使领导职权

股东大会是酒店的最高权力机构，有权选择和罢免董事会和监事会成员，有权制定和修改酒店章程，同时负责审议和批准酒店的财务预决算、投资以及收益分配等重大事项。

董事会是酒店的经营决策机构，其职责是执行股东大会的决议，决定酒店的生产经营决策和任免酒店总经理等。董事会成员由股东代表和其他方面的代表组成，董事长由董事会选举产生，一般为酒店法定代表人。董事会实行集体决策，遵循每人一票和多数通过的原则，董事会成员要对投票签字核实并承担责任。

2. 监事会对酒店公司投资人的资产行使监督职权

监事会是酒店的监督机构，由股东和股东代表按一定比例组成，对股东大会负责。监事会依照酒店章程对董事会和经理行使职权的活动进行监督，防止其滥用职权。监事会有权审核酒店的财务状况，保障酒店利益以及酒店业务活动的合法性。监事会可对酒店董事成员、经理的任免、奖惩提出建议。为了保证监督权的独立性，监事不得兼任酒店的经营管理职务。

3. 以总经理为首的经理层对酒店公司的经营管理行使组织指挥权

酒店的总经理负责酒店的日常经营管理活动，对酒店的生产经营进行全面领导，依照酒店章程和董事会的授权行使职权，对董事会负责。酒店对总经理实行董事会聘任制，不实行上级任命制。

三、酒店管理体制

（一）酒店管理体制的概念和实质

酒店管理体制有两方面的含义：从宏观经济角度，指国家、地方、部门、行业对酒店经济活动的管理规范；从微观经济角度，指酒店内部对所属范围经营活动的管理规范，两者相互依存但各有特征。

酒店管理体制是对在国民经济有机体系中酒店的组织机构、领导制度和经济管理制度的总称。酒店管理体制的实质是在酒店经营管理过程中，以酒店领导体制为主体，以岗位责任制为基础，由业务、人事、财务、信息、行政等若干活动管理制度组成，为解决领导权力分配、划分、归属和如何行使而形成的一套完整的管理制度。

（二）领导管理体制及其主要制度

酒店领导管理体制反映着酒店资产所有者、经营管理者和生产劳动者在酒店中的权力、地位及相互关系。它是酒店中最根本的制度，其他管理制度必须反映酒店领导体制。

酒店领导管理体制主要有以下几种。

1. 总经理负责制

总经理负责制是酒店组织管理中实行的领导制度，是酒店内部实行的最高管理组织形式，是酒店管理体制的最基本方面。总经理负责制是适应酒店现代化管理，适应酒店市场经营和依法治店的一种管理制度。

总经理负责制指总经理是酒店的法人代表，酒店建立以总经理为首的经营管理系统，总经理在酒店中处于中心地位，根据董事会或投资者的决策，全面负责酒店的经营和业务并对酒店的发展负有全面责任。总经理贯彻执行党和国家的方针政策，执行职工代表大会的决议，坚持酒店经营的社会主义方向，遵守相关的经营管理法规，执行上级部门的有关指示，对国家、企业、员工、宾客负经济责任。

总经理的工作及权限主要包括以下四个方面。

（1）经营决策权限。总经理对酒店有经营决策权，负责制定酒店的发展计划并组织具体实施，包括建设酒店组织结构，制定酒店组织管理制度，全面指挥酒店各职能部门和业务部门的经营运作。总经理能任意调派、使用酒店的资金、设备、设施、物资等资源以实现组织目标，同时对酒店全部资产负有责任。

（2）人事任免权限。酒店是一种劳动密集型企业，酒店服务质量的高低在很大程度上取决于员工素质及管理水平的高低。为了保证酒店能提供高质量的服务，用好人、用对人十分重要。因此，总经理应亲自督导酒店的人事任免及奖惩工作，尤其应全面负责优秀管理人才的选聘和任用，保证员工队伍的素质符合岗位需要、符合酒店发展的需要。

（3）财务管理权限。酒店经营管理的出发点和归宿是盈利。要实现盈利，做好财务管理工作至关重要。酒店财务管理是对酒店资金的筹措、分配、使用和回收全过程的管理，它贯穿于酒店业务经营过程的始终。总经理必须亲自监督酒店的财务运转状况，控制成本，增加利润，改善经营，以保证经营目标的实现。

（4）酒店企业文化建设职责。酒店总经理负责酒店企业文化建设，保障酒店职工代表大会和工会的权利，支持酒店各组织的活动，不断改善酒店员工的劳动作业条件，维护酒店良好的工作环境及和谐的工作氛围。总经理负责制赋予总经理一定的权力及权威，同时，还要求总经理对酒店经营管理所取得的社会效益及经济效益承担相应的责任。因此，酒店总经理应具有高度的责任感、良好的职业素质、出色的领导才能。酒店也应该通过各种有效的制度和组织形式，保证总经理的权力和权威既能得到充分发挥，又能受到应有的监督。

2. 酒店经济责任制

酒店经济责任制是社会化大生产和社会主义客观经济规律的体现，是调动酒店部门、员工积极性，实现酒店自我激励的重要手段。酒店经济责任制是酒店组织管理中的又一项重要的基本制度，是酒店各部门以酒店经济效益为目标，在确定了组织目标以后，把组织目标以指标的形式进行分解，层层落实到部门、班组、个人，对自身的经营业务活动负责，实行责、权、利相结合，把酒店的经济责任以合同的形式固定下来的一种经营管理制度。经济责任制有利于打破分配上的平均主义，使职工的经济效益和企业的经济效益挂钩，有利于发挥职工的能动作用，提高企业的经济效益。

酒店的经济责任制是一项细微的工作，从制订计划、落实分配到考核业绩都有细致的工作要做；同时，它又是一项政策性很强的工作，每年都要重新制定，而且在实施过程中要根据情况变化做出修订。

酒店经济责任制的主要内容如下。

（1）制定酒店决策。即明确酒店组织的总体经营目标。

（2）落实经济责任。即将酒店组织的经营目标层层下放到酒店的各部门、各岗位和个人。通常实行定量化的管理，将酒店的经营目标进行分解，以指标的形式下放，以利于考核和成果的评定。

（3）考核。考核是保证酒店目标实现的重要手段。通过考核才能了解酒店各部门、各岗位和各人的工作完成情况，以此检查各自的经济责任是否完全履行。考核结果必须真实详尽并且清楚公平，它是酒店员工劳动分配的标准和依据。

（4）效益为本，按劳分配。根据各部门和个人所创造的效益进行按劳分配。酒店经济责任制有计分计奖制、浮动工资制、提成工资制等多种分配方式。

经济责任制的实施要本着公开、公平和公正的原则，严格按照效益和利益相一致的原则实施按劳分配，这样方能充分调动酒店全体员工工作的积极性和创造性，使每一位员工都能真正为酒店的利益而努力工作，从而实现酒店组织的经营目标，推动酒店的不断发展。

3. 酒店岗位责任制

酒店岗位责任制是指在酒店管理中，以岗位为单位，所规定的每个岗位及该岗位人员的职责、工作内容、工作范围、工作量、作业标准、工作权限等责任制度。酒店岗位责任制是一个完整的体系，它包括：酒店领导人的责任制，即总经理责任制；各部门主管和技术人员的岗位责任制；各生产、服务人员的岗位责任制。岗位责任制使每个员工都明白自己所在的岗位要完成哪些工作，什么叫做好本职工作，它是酒店组织管理的基础工作之一，为酒店组织结构、酒店管理体制奠定了基础。

酒店岗位责任制的表现形式是"岗位责任说明书"或"职务说明书"。岗位责任制的主要内容有：明确岗位和岗位名称，该岗位的直接上级（即对谁负责），该岗位的直接下级（即领导谁），岗位的职责和工作内容、工作量、工作质量标准、岗位权限。

4. 员工手册

员工手册是规定全酒店员工共同拥有的权利和义务以及需要共同遵守的行为规范的条文文件，是酒店又一个极为重要的基本制度。员工手册对每个酒店来说都是必备文件，人手一册，是酒店发放面最广的文件。它是酒店的"基本法"，是酒店运用最广泛的制度条文，与每个员工都休戚相关。员工手册的一般内容包括序言、总则、组织管理、劳动管理、职工福利、店规、奖惩及至职工上下班交通、子女教育问题等方方面面。

一般来说，员工手册的制定有三方面的依据：①我国政府有关的人事劳动法规；②酒店工作的特点；③国际酒店业的惯例。

5. 酒店作业规程

酒店作业规程是酒店进行质量管理的依据和基础，是酒店根据各自的等级而制定的适合本酒店的服务程序和质量标准，即每做一项工作所要遵循的标准化的工作步骤、要求和所要达到的质量目标的标准。酒店作业规程要依据客源市场需求、本酒店的特点以及国内外酒店管理的最新信息来制定。这些标准必须是可操作的，必须详细而具体，必须与酒店的星级档次相符合。制定作业规程都是针对某一特定的服务对象和过程的，但是制定服务程序时，又必须考虑服务过程的系统化。

（三）酒店经济管理法规制度

经济管理法规制度是为保证经济活动顺利进行而制定的一系列具有法律效用的行为规范，是经济管理体制的重要内容。由于酒店业的经济性质，与酒店业有关的一切法规制度都可作为经济管理的法律依据，其中直接针对经济活动的顺利开展而制定的经济法规制度更是经济管理的重要依据。

1. 酒店经济管理法规制度的重要性

（1）加强酒店经济管理法规制度建设是社会主义市场经济的要求。

（2）加强酒店经济管理法规制度建设是对旅游市场进行宏观调控的重要手段。

（3）酒店经济管理法规制度为协调酒店经济活动中的各方关系和保障各方权益提供了法律依据。

（4）酒店经济管理法规制度可以促进酒店改进服务质量和提高经济效益。

2. 健全酒店经济管理法规制度体系

健全酒店经济管理法规制度体系是一个系统工程，包括制定全面严密的法规制度、监督检查措施和对违法行为采取的处罚措施等，它贯穿酒店经济活动的整个过程，为酒店经济活动的健康运行提供全过程、全方位的法治保障。

（1）建立全面的法规体系。法规是以各种酒店关系为调整对象的，而酒店关系涉及面非常广泛，包括行政管理机构、酒店及消费者等不同因素之间的各种关系。因此，必须建立针对不同因素及其相互关系的全面的法规制度，才能规范酒店经济活动中的各种市场行为。

（2）建立监督检查机制。有了健全的法规体系后，还必须采取各种措施保证法规的顺利执行，监督检查和处罚制度必不可少。对酒店的监督检查和对违法违规行为的处罚是健全酒店法规体系不可缺少的重要组成部分，是酒店业健康发展和酒店经济活动顺利运行的坚强后盾。这就要求行政部门必须设立专门的监督检查机构，制定严格的检查制度，设立举报中心，采取定期或不定期的检查来保证各项法规的贯彻实施，同时对检查中出现的违法违规行为做出及时处理。

第三节 酒店组织的结构设计与创新探索

一、酒店组织结构设置的原则和依据

酒店组织结构指酒店的组织结构和管理体制、各管理层次的职责权限、管理和作业的分工协作以及酒店管理的规章制度等。酒店组织是酒店正常运转的重要条件之一，又是酒店管理的重要职能。

酒店组织结构设置是对组织活动和组织结构的设计过程，是把任务、权利和责任进行有效组合和协调的活动。组织结构设置的基本功能是协调组织中人员与任务之间的关系，使组织保持灵活性与适应性，从而最有效地实现组织目标。组织结构设置不仅要从组织的战略目标出发，还要和人员相适应。因此，酒店组织结构的设置要遵循一定的原则和依据。

（一）酒店组织结构设置的原则

尽管酒店组织的状况千差万别，管理者的思想观念迥异，酒店的接待对象、规模、经营内容和方式也各不相同，但是酒店组织结构设置的原则是相同的。

1. 组织结构的设置应符合经营的需要

一般来说,酒店组织要根据市场需求、决策目标、酒店规模情况,把酒店业务按工作内容、性质分成几大类,并妥善确定部门的归属,部门的形成构成酒店组织管理中的横向结构。此外,酒店还要按规模来确定各部门层次的划分以及各个层次的组织跨度,这是酒店的纵向结构。酒店的横向结构和纵向结构形成酒店的组织结构。

2. 组织结构的设置应服从效益目标

酒店经营的最大目标是通过资源的优化配置来争取经济效益的最大化,酒店的组织结构设置也要以产生最佳效益为目标。为此,酒店应该根据跨度原则和实际需要来确定酒店的组织结构,按需设岗;同时精兵简政、精减人员,从而最大限度地降低成本;此外还要尽量选拔那些经过考验的"德才兼备"的人员进入管理层,再由人去创造效益。必须克服裙带用人等坏风气,做到"有德有才重用、有德无才小用、无德无才自食其力、无德有才坚决不用"。

3. 组织结构的设置要考虑人的工作效率

人的工作效率只有在一定限度的时间内才是最高的,超过此限度效率就会降低。因此,组织结构的设置和工作设计要符合人的生理和心理特征,工作和职责的划分应该具有弹性,使员工在工作岗位上有自由发挥才能的机会。

4. 因事设人和因人设事相结合

组织结构的设置应该是"因事设人"和"因人设事"并举,其核心是"因才施用"。因事设人是指根据岗位设定相应的人选,只有这样才能够较好地发挥员工的长处,避开其短处,为员工进一步成才创造充分的条件。因人设事,是围绕酒店的总体目标以及部门的目标,根据人才的特点来设置或提供相应的平台,为员工提供更多"名利双收"的机会,这样才能较好地达到人尽其才的效果。

(二)酒店组织结构设置的依据和方法

建立高效合理的组织结构有利于酒店工作效率的提高。组织结构是构成体系本身以及经营管理的重要组成部分,是质量体系各个要素彼此之间协调联系的结构纽带和组织手段。

组织结构的设置主要取决于以下几个方面的要素。

1. 酒店规模和类型

在酒店管理组织领导体制确定的基础上,其管理组织结构的大小和形式都是由酒店的规模档次和接待对象决定的。

酒店规模一般是以酒店的客房和床位的数量多少、餐厅类型、商场分割面积、经营种类、康乐服务项目的多少为依据,酒店床位越多,规模越大。

酒店规模直接决定了酒店组织管理的层次多少、管理幅度大小、机构大小、部门设置和用人多少等各个方面,是酒店组织结构设置的重要依据;酒店类型越多,专业化分工越细,内部人员、部门越多,组织结构的规模就越大。

2. 酒店星级高低

酒店星级越高,设备越豪华,经营管理和服务质量的要求就越高、越细致,用人也就相对越多,必然加大酒店组织结构的规模。所以规模相同的酒店,星级、豪华程度不同,其组织结构的形式、岗位设置和组织机制会有较大区别。

3. 酒店专业化程度和服务项目的多少

酒店专业化经营是一种集中经营一种产品、以增强专业运行独立性的方式,该方式能强化其经营管理的职能,最大限度地发挥资源的优势作用,实现效能、业绩的最大化。实施专业化经营方式的优势在于便于集中所有人力、物力和财力发展一种产品,提高资金的使用效率;然而专业化经营也有其局限性,它不利于酒店迅速扩大规模,此外,如果选择的专业本身市场前景狭窄,实施专业化经营的核心竞争力不够,会严重影响酒店的发展。

4. 酒店投资结构和市场经营环境

投资结构是酒店经济性质和产权关系的本质体现,它常常决定着酒店组织管理模式和组织结构的形式。特别是投资结构不同,反映投资主体意识和要求的酒店高层管理的人员结构也必然不同,他们决定和影响着酒店组织结构的设置及其管理工作。所以,投资结构是酒店管理组织结构设置的主要依据之一。

酒店所处发展时期不同,市场环境不同,就会有不同的生存之道和经营战略,也就有不同的组织结构设置。酒店要想获得长远的发展,对市场前景的预测以及据此进行相应的组织结构调整也是必需的。

二、组织结构的类型及部门

(一)组织结构的类型

1. 直线式组织结构

直线式组织结构(Linear Structure)是最早出现的一种简单的垂直领导的组织结构形

式，又称军队式结构或单线制。其特点是从酒店最高层到最低层按自上而下建立起来的垂直系统进行管理，层层节制，一个下属部门只能接受一个上级部门的命令，上下形成一个垂直管理系统，不存在管理的职能分工。这种形式要求各级管理者是一个具备全面知识和才能的人才，这种形式只适用于产品单一、规模较小、业务简单的小型酒店企业，或被现代化大型酒店运用于部门以下的基层管理中，如餐饮部、客房部、商品部等业务经营部门，如图3-1所示。

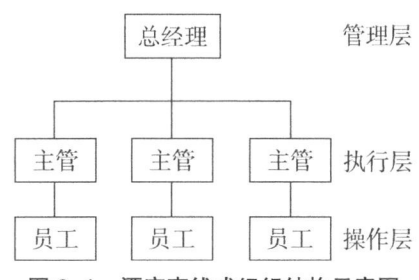

图 3-1　酒店直线式组织结构示意图

直线式组织结构的优点是结构层次比较简单，权力集中，责任分明，命令统一，便于管理。缺点是在组织规模较大的情况下，主管执行层的所有管理职能都由一人集中承担，鉴于个人的时间及能力有限导致难以应对，会发生较多失误。就权力分布而言，直线式组织结构是权力高度集中的组织结构，管理事务多，工作难度大。

2. 职能式组织结构

职能式组织结构（Functional Organization Structure）是企业中最常见的组织结构形态，它主要是将企业的全部任务分解成多个任务，并交由相应部门完成。当外界环境稳定、技术相对成熟，而不同职能部门间的协调相对不复杂时，这种结构在企业中是最有效的。职能式组织结构的核心优势是专业化分工，如让一组人专注于生产，而另一组人专注于销售，比两者兼做的效率要高很多。在这种组织结构下，部门岗位名称会非常稳定，很少变动，人员的升迁、调动也是以技术水平为依据的，如图3-2所示。

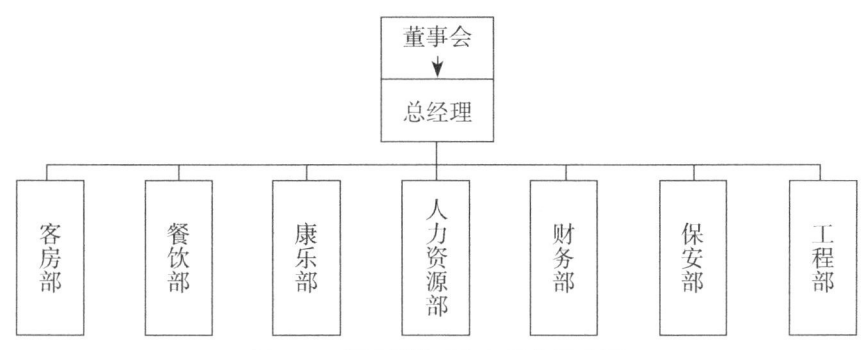

图 3-2　酒店职能式组织结构示意图

职能式组织结构存在的最大问题是对外界环境变化的反应太慢，而这种反应又需要跨部门协调。除此之外，该组织结构很难树立起一种崇尚技术的管理文化，企业的产品和服务缺乏技术深度，因此难以发挥技术水平的优势。

3. 直线 – 职能型组织结构

直线 – 职能型组织结构（Line-Functional Structure）是我国酒店目前普遍采用的组织结构形式，是直线式和职能式组织结构的结合。在这种形式下，酒店的各部门分为主线部门与职能部门两大类：主线部门是指负责酒店一线经营和接待业务的部门；职能部门是为一线服务、执行某项专门管理职能的部门，一般不直接参与酒店一线经营和接待活动。

直线 – 职能型组织结构兼有直线式和职能式组织结构的优点，既可以保持指挥统一的优势，又可以发挥专业管理的长处，如图3-3所示。

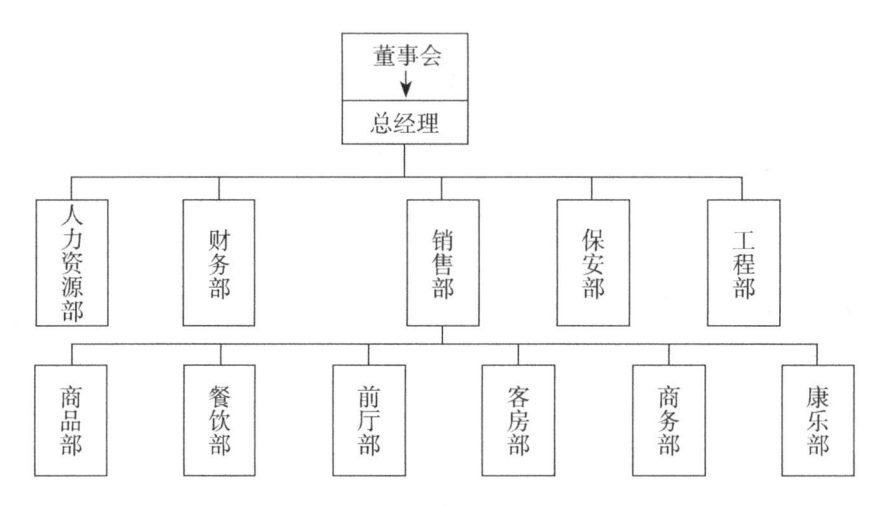

图3-3 酒店直线 – 职能型组织结构示意图

直线 – 职能型组织结构也存在缺点，就是各职能单位自成体系，部门间容易出现摩擦，还可能导致管理费用的增加，若职能部门权力过大，容易干扰直线指挥命令系统；若不重视部门间信息的横向沟通，则易造成工作重复、效率低下；此外职能部门缺乏弹性，对环境变化的反应较迟钝。

4. 事业部制组织结构

事业部制组织结构（Multidivisional Structure）是指酒店对于具有独立性的产品和市场实行独立核算、对具有独立的责任和利益的部门实行分权管理的一种组织系统形态。事业部制组织结构的优势是能把稳定性和适应性、统一性和灵活性结合起来，集中政策，分散经营，专业化分工，不仅可以提高生产效率，还可以减轻高层管理人员的负担，明确各酒店的利润责任等，如图3-4所示。

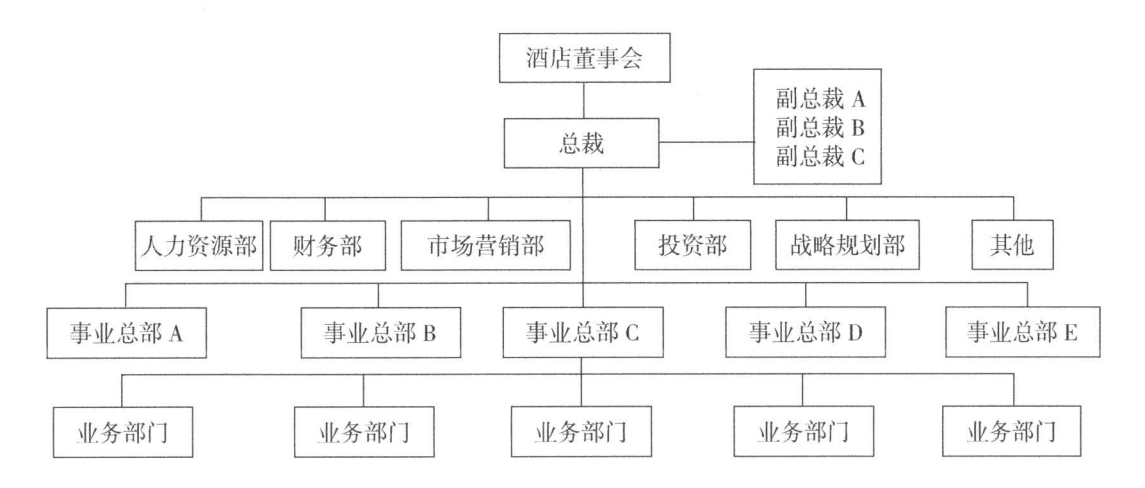

图 3-4 酒店事业部制组织结构示意图

事业部制组织结构的缺点是各事业部职能部门重复设置，造成管理费用和经营成本有所增加，且事业部间沟通困难，若只顾部门利益而忽视全局，就会影响整个酒店经营的统一指挥。

5. 区域型组织结构

区域型组织结构（Regional Organizational Structure）的优点是灵活性较强，能够适应各个地区的竞争情况，从而使各个利润中心得到充分发展，并增进各个地区营销、财务与生产等活动的有效协调。该组织结构的缺点是保持整个企业目标的一致性比较困难，需要的管理人员多，成本消耗大，此外某些职能的重复设置，也导致了开支的巨大浪费。酒店区域型组织结构示意图如图 3-5 所示。

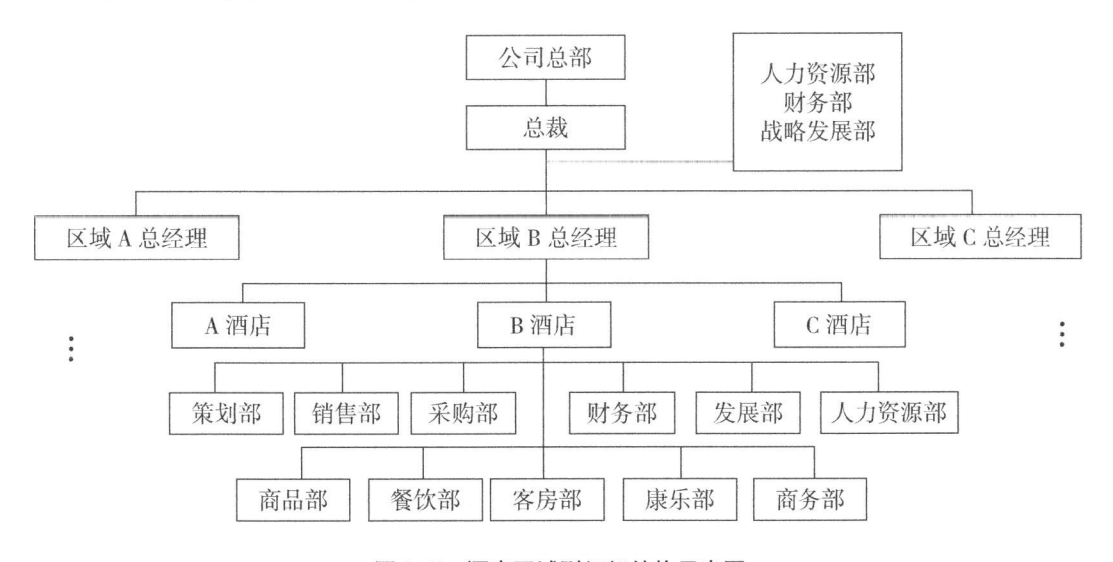

图 3-5 酒店区域型组织结构示意图

（二）酒店的主要部门及职能

现代酒店的部门机构设置，因各酒店规模和性质的不同而不同，但各部门的职能基本是一致的。一般来说，酒店的部门机构是根据酒店为客人提供的产品和服务来进行设置的，主要有以下 10 个部门。

1. 客房部

客房是酒店的基本设施和主体，是酒店出售的主要产品之一，其营业收入是酒店经营收入的重要来源。客房部服务质量是酒店产品质量的重要组成部分，客房部的主要职能如下。

其一，为宾客提供整洁舒适的客房及热情周到的服务。

其二，管理好客房的各项设施设备，使其保持良好的工作状态，为实现较高的客房出租率创造必备的条件。由于住店客人通常也是酒店其他部门（如餐饮部、康乐部）产品的主要消费群体，因而若能保持较高的客房出租率，酒店的其他设施也能更充分发挥作用。

其三，搞好公共区域的清洁工作。客房部作为直接与宾客接触的部门，其服务质量的好坏不仅直接关系到宾客对酒店的评价，还是带动其他部门经营活动的关键。

2. 前厅部

前厅部是宾客与酒店接触的起点，其形象及服务质量直接影响宾客对酒店的第一印象。前厅部在酒店组织中占有举足轻重的地位，其职能可以概括为以下三个方面。

其一，前厅部作为酒店经营活动的枢纽，业务工作贯穿于酒店与宾客接触和交易往来的始终，工作内容主要有预订客房、办理入住登记手续、安排房间、提供委托代办服务、接受问询、处理投诉、结账等，业务复杂，涉及面广。

其二，除了对客户提供服务之外，前厅部又是酒店组织客源、创造经济收入的关键部门，前厅部通过自身的有效运转能提高客房出租率，增加客房销售收入，这是前厅部十分重要的工作。

其三，前厅部作为酒店信息集散中心，能通过提供各种市场信息、建立客户档案、反映经营情况和服务质量评价等工作为酒店管理者进行科学决策提供依据。

3. 餐饮部

餐饮部是酒店创收的重要部门，通过向宾客提供餐饮服务，为酒店直接创造经济效益。餐饮部的主要职能如下。

其一，全面筹划餐饮食品原材料采购、生产加工、产品销售及服务工作。

其二，通过对厨房生产和餐厅服务进行合理细致的安排，提供色、香、味、形俱全且健康、安全的食品，满足顾客要求。

其三，对外扩大宣传，积极销售；对内提高产品和服务质量，加强管理，降低成本，力争取得最大的经济效益和社会效益。餐饮部与客房部一样，都是直接对客服务的部门，员工形象、服务质量及管理水平直接影响酒店的形象，是酒店管理工作的重要环节。

4. 营销部

营销部的主要职责是推广酒店的主要产品和服务，保证酒店在任何季节都能有充足的客源，以及维护酒店的声誉，策划酒店的形象，打造酒店的品牌，扩大酒店的市场知名度。营销部的规模大小也与酒店的规模大小相关，大型酒店的营销部由经理、主管、市场营销的专兼职人员组成。为保证酒店客源，营销部还会不定期地组织专业人员进行市场调研，了解市场行情和游客的需求，从而设计尽可能满足顾客需求的产品。

5. 康乐部

随着康乐业的发展，酒店康乐部也受到越来越多的关注。除了基本的住宿及饮食需求，消费者的康乐需求也日益增长。通常四星级、五星级酒店及度假型酒店中都设有康乐部，康乐部借助场地和各种设施设备为客人提供运动健身和休闲娱乐服务，主要包括运动类（如球类活动、器械类活动、游泳）、保健类（如桑拿浴、美容美发）、休闲娱乐类（如棋牌、歌舞）等文娱项目。

康乐部的主要职能有：通过自身服务，满足客人的运动健身需求；做好康乐中心的卫生工作；保证各种运动设施设备正常运转，做好各种器械及活动场地的安全保障工作，消除安全隐患；对于新型器械的使用及技术性很强的活动项目，给客人提供必要的指导服务等。康乐部也是为酒店直接创收的部门之一。

6. 工程部

酒店的设施设备是酒店经营所依托的物质基础。工程部的主要职责就是保证酒店所有设施设备，如客房和大厅的室内装修、陈设、水电系统、空调系统、电话系统、卫生间设备系统等的正常运转与使用。工程部不仅要对各种设施设备故障进行及时修理，保证其正常使用，还应经常对酒店的各项设施设备进行保养和更新，使之始终处于良好的工作状态，避免顾客使用时发生危险。可以说，工程部的工作关系到酒店员工的操作安全及来店客人的使用安全，关系到客房出租率，也关系到酒店服务质量的高低，是酒店重要的后台保障部门。

7. 人力资源部

酒店主要依靠人的活动完成经营管理、兑现服务产品。因此，员工的积极性、创造性、业务水平等直接决定酒店服务质量的高低和顾客的满意程度，是决定酒店竞争成败的重要因素。人力资源部是酒店中一个非常重要的部门，它一般直接受总经理的领导和制约，其主要职责包括：协助其他部门做好酒店管理人员和服务人员的选聘、培训工作，提高员工素质和技能，使之符合各个岗位的需要；向各岗位科学配置员工，实现人与事的最佳组合，从而提高工作效率；利用各种激励措施激发员工潜能和工作的积极性、主动性，从而增强企业活力和市场竞争力，为酒店的发展发挥积极作用。

8. 安全部

在我国，酒店被列为特种行业，即易被犯罪分子当成落脚藏身处并进行违法犯罪活动的场所。酒店属于公共场所，来往人员复杂，同时因存放各种物资及资产，容易成为犯罪分子的作案目标，因而酒店的安全保卫工作难度较大。酒店安全部的职责就是制定安全工作计划，完善安全管理规范，对员工进行安全教育，消除安全隐患，及时制止各种犯罪行为的发生，从而保障宾客和员工人身、财产安全及整个酒店的安全，为酒店员工制造一个安全的工作环境，为顾客提供一个安全、放心的饮食、住宿场所。

9. 财务部

财务部负责处理酒店经营活动中的财务管理和会计核算工作，主要职责包括：建立各种会计账目；处理酒店的日常财务工作，稽核酒店各类营业收入和支出；制定酒店对商业往来客户的信贷政策并负责执行；负责酒店产品成本控制和定价事宜；处理各项应收、应付款事宜；配合人力资源部办理发薪事宜；编制财务预算；审核各部门提出的采购申请计划；召集营业部门的财务分析会议等；代表酒店对外处理银行信贷、外汇、税务、统计等事宜；定期向酒店管理层提供各种财务报告及经营统计资料，为管理层决策提供依据。

10. 商场部

商场部即酒店所设的购物商场或购物中心。酒店商场部出售的商品有日常生活用品，用于满足客人的生活需求；也有当地特有的旅游商品，用于满足旅客馈赠亲友或留作纪念的需要。商品的销售不仅能满足顾客的需要，增加酒店收入。那些带有酒店标志的商品，对酒店还能起到一定的宣传促销作用。因此，不能忽视商场部的作用，应强化商场的经营特色，提高管理水平，更好地实现酒店的经营目标。

三、酒店的组织管理制度

酒店管理制度是针对酒店管理各基本方面而规定的活动框架，是用以引导、约束、激励集体行为的规范体系。它在整个酒店通用，要求全体员工遵照执行。按照酒店组织部门和业务划分，酒店管理制度又分为部门管理制度和业务操作规范制度。

1. 部门管理制度

部门管理制度是由酒店下属的各专业部门制定、并要求全体员工遵照执行的相关专业管理制度。酒店部门管理制度主要有人事管理制度、财务管理制度、安全保卫制度、行政性管理制度、设备设施管理制度、物品管理制度等。

2. 业务操作规范制度

业务操作规范制度是酒店下属业务部门根据自身业务及其运作特点为规范部门行为而制定的相关管理制度，包括业务运作制度、服务质量标准、劳动考核制度等。业务运作制度主要包括业务流程、服务质量检查、考评制度、排班、替班、交接班制度和卫生制度等；服务质量标准是酒店基于自己的等级、规模以及整体管理水平而制定的产品和服务的质量标准；劳动考核制度是酒店员工考勤、任务分配、奖惩、违规违纪处理等日常业务工作的规范。

四、酒店组织管理创新

（一）有效组织结构的选择

天下没有两片相同的树叶，也没有两个完全相同的企业组织结构，更没有一个十全十美的组织结构可供复制。对任何一个企业而言，如何设计一个适合自己、能有效实现企业目标的组织结构，都是一个难题，却也是一个至关重要的问题。它涉及下面几个基本问题。

（1）对企业面临的动态环境的准确把握与研究，包括对外部大环境和内部环境的研究。

（2）管理幅度（Span）与企业组织中层级结构的合理性。

（3）如何进行组织中职权（责权）的恰当分配。

（4）委员会在组织中处于什么地位，在什么情况下需要设置委员会。

（5）特别是在互联网十分普及的当下，我们是按亚当·斯密的分工理论还是按汉模博士的企业再造理论来设计企业组织结构，抑或是既考虑到"企业再造"的革命、又兼顾到过渡期仍沿用一部分分工理论来设计企业组织结构，都是在设计酒店组织结构中要解决的问题。

如果不改革仍着重沿用亚当·斯密的分工理论，则组织机构仍会相当庞大，生产服务效益低、效率相对差的问题仍不会从根本上解决，不可能达到高绩效标准的要求。因为从分工理论的管理幅度原则可知：一个主管者所能直接管理的下属员工受到格兰丘纳斯公式计算结果的限制。格兰丘纳斯公式：

$$R=n\{2n+1/2+（n-1）\}$$

式中：R——上下级关系数；n——直接管理的下属员工数。

从这一公式可见：直接下属员工数 n 呈算术级数增加，而上下级关系数 R 则呈几何级数增加。按分工理论，一个管理者不可能直接管理太多的下属员工。考虑到工作性质不同、难易程度不同等因素，经分别加权之后，可得到如表3-6所示数据。

表3-6 格兰丘纳斯公式计算结果

影响管理幅度因素的权数总和	标准的管理幅度人数
40～42	4～5
37～39	4～6
34～36	4～7
31～33	5～8
28～30	6～9
25～27	7～10
22～27	8～11

由此可见，当旅游酒店企业规模较大、员工人数多时，其结构设计必然管理层次多、部门多，也就摆脱不了机构庞大、效率低的问题。

（二）酒店组织机构的创新

一种新的酒店组织结构实行公关、广告、宣传、预订、接待、服务、财务等作业的一条龙服务。作业一条龙服务的改进，打破了传统的部门化分工体制，将酒店组织结构设计为两大系统，即前台（作业与服务）系统与后台（作业与服务）系统。这两个系统在电脑系统的支持下进行各项管理作业和一系列的服务工作，在总经理（辅以顾问、咨询、决策系统的参谋支持）的直接领导下进行运作。这样的"一条龙"管理与服务系统，内部沟通协作配合更好，提高了工作效率，精减了机构和人员，大大降低了经营成本，同时通过互联网可随时与全球各地客人进行互动、沟通，大大改进和提高了服务质量，也减少了公关广告费用。这种新的酒店组织结构系统的框图如图 3-7 所示。

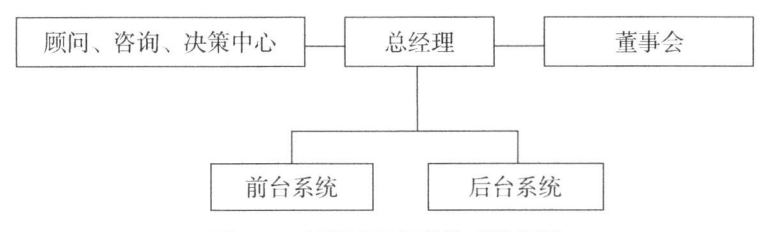

图 3-7 新酒店组织结构系统框图

这种新的酒店组织结构系统的特点是：加大两头，削减中间层。由于互联网的作用，酒店最高管理决策层能及时获取客户方面的信息、市场竞争的信息等，并及时做出相应的管理决策和措施，所以必须加强最高管理决策层。为了更好地服务客人，体现人性化的服务特征，提高服务质量，也必须加强执行作业层（即基层）的管理，而中间层和一些职能部门将实行合并和作业整合，因此中间层管理人员将有较大的缩减，原上传下达信息的职能将被电脑网络系统所代替，最高管理层的信息可直接下达到基层，基层的信息也可直接上传到最高层。这需要职员有广博的知识和技能，要求职员成为一专多能的多面手，整个组织结构系统对人员的素质要求提高了，只有这样才能更好地实行"作业重组"、"作业程序整合"。

第四章

酒店人力资源管理

第一节 酒店人力资源管理概述

一、酒店人力资源管理的特点

酒店是包含人力资源在内的各项资源组合而成的竞争实体。如今市场竞争如此激烈，环境不断改变、对手不断改变、自身资源也在不断消耗，这些都会对酒店的运行与发展产生影响。酒店能否保持竞争优势，是酒店自身发展的前提与基础，而这又依赖于人力资源的开发与定位。因为酒店行业的竞争归根到底是服务力的竞争，而服务力竞争的实质就是人才的竞争、员工能力的竞争，这些都与人力资源管理有着密切联系。

酒店人力资源管理就是科学地运用现代管理学中的计划、组织、领导、控制等职能，对酒店的人力资源进行有效的开发和管理以及合理的使用，使其得到最优化的组合；同时最大限度地挖掘人的潜力，充分调动人的积极性，使有限的人力资源发挥尽可能大的作用。酒店人力资源管理是研究酒店人力资源管理活动规律的一门应用性和实践性都很强的综合性科学，其最终目的在于使酒店员工与工作相互协调，充分发挥员工的潜力，切实提高工作效率，最终实现酒店与员工共同发展。

酒店人力资源管理是结合酒店业自身的行业特点，将现代科学的人力资源管理理论应用于酒店企业管理当中，为酒店从业人员提供包括人力资本升值在内的服务，从而满足员工需求，实现顾客满意，推动酒店的可持续发展。

酒店人力资源管理具有以下几个方面的特点。

（一）综合性

酒店人力资源管理主要是对组织内人员的全面管理，而人是复杂的，因此，酒店人力资源管理需要综合考虑多方面的因素，如环境因素、经济因素、文化因素、心理因素、生理因素等，涉及社会学、经济学、管理学、心理学、组织行为学等多个学科。在实际操作中，针对酒店员工素质的考察也是全面、综合、系统的，除了需具有丰富的综合知识、专业的操作技能、较强的信息沟通能力、良好的服务态度和服务意识外，还必须具备良好的政治思想素质、品德修养和职业道德等。这些都体现了酒店人力资源管理的综合性。

（二）流动性

酒店业有一个很显著的特点，就是从业人员的流动性特别大。据调查，1996年北京市几家著名酒店的员工流动率平均为26.4%～34.5%，其中大中专以上学历的员工流动率高达66.7%，熟练的一线员工流动率更高。酒店业的高员工流动率，是一个世界性的问题。据统计，美国1997年酒店业一线员工的流动率是91.7%，经理流动率为13.5%，督导流动率为11.9%，这造成了巨额的费用流失，1998年全美酒店企业每位员工的流失平均带来的损失也高达5000美元。针对酒店从业人员的高流动性特征，酒店人力资源管理需要充分了解影响员工流失的因素，分析引起员工流失的根本原因，然后根据不同的原因，采取不同的管理措施，实施酒店人力资源的动态管理。

（三）服务性

服务性是酒店行业的重要特征，也是酒店人力资源管理的重要特征和理念。美国罗森帕斯旅游管理公司总裁罗森帕斯曾向"顾客就是上帝"的传统观念提出挑战，他认为"员工第一，顾客第二"才是企业成功之道，只有把员工放在第一位，员工才会有顾客至上的意识。由此可见，人力资源的管理并非行政式的"管"人，而是一种"以人为本"的柔性的人性化管理，它需要在营造酒店良好的组织文化和竞争氛围的同时，从员工的实际需求出发，谋求员工利益和企业利益的共同发展，所以酒店人力资源管理体现的是一种为员工服务。

二、酒店人力资源管理的目标

酒店人力资源管理就是通过对酒店人力资源进行有效的利用、管理、挖掘、激励并制定相关的人力保障体系，使人力得到最优化的组合和积极性的最大发挥，以保证酒店的高效运转和优质服务，从而提高酒店的经济效益和社会效益。酒店人力资源管理的目标就是通过其管理职能的实现，达到酒店企业效益的实现。具体来说，即提高员工的工作绩效和效益，在实现酒店目标的基础上，努力实现员工的个人目标，使酒店与员工共同发展。

酒店人力资源管理的目标体系可以分为以下三个层次。

（一）员工绩效

酒店所提供的产品主要是面对面的服务，因此，造就一支高素质的员工队伍是酒店经营的基础。酒店人力资源管理的基本目标就是要做好人力资源开发工作，充分调动员工的积极性、主动性和创造性，做到人适其职，职得其人；人尽其才，才尽其用。员工绩效主要体现在工作满意度和工作稳定性上：工作满意度既是员工工作成果的表现，也是激发其不懈努力的动力之一；工作稳定性，则能体现企业和员工之间的信任关系。

（二）组织绩效

有了优秀的员工并不代表酒店就会有好的效益，只有在良好的组织文化和工作氛围下，帮助员工进行职业规划，并提供长远的发展机会，将素质良好的员工个体整合成高效率的组织体系，才能形成组织绩效大于个人工作绩效之和的酒店绩效状态。组织绩效主要体现在生产效率的提高和酒店形象的良好塑造上。

（三）员工和酒店协调发展

员工的忠诚度是指员工主观上强烈的忠诚于酒店的意识，这种意识往往归功于组织与员工目标的高度协调一致：组织帮助员工发展自我和实现自我，员工努力帮助酒店实现组织目标。这就是员工与组织协调发展的直接表现，也是酒店人力资源管理所追求的最终目标。

三、酒店人力资源管理的地位

（一）策略参谋

酒店人力资源管理部门是酒店战略决策的参与者，能提供基于战略的人力资源规划及系统的解决办法，因而酒店应将人力资源管理纳入酒店的战略与经营管理活动当中，使人力资源管理与酒店战略相结合。

（二）内部顾问

酒店人力资源管理部门能运用专业知识和技能研究开发酒店人力资源产品与服务，为酒店人力资源问题的解决提供咨询，进而提高人力资源开发管理的有效性。

（三）员工服务

酒店人力资源管理部门通过与员工沟通，了解员工需求，可为员工及时提供支持，从而提高员工满意度，增强员工的忠诚度。

第二节　酒店人力资源管理基础

一、基本管理内容

要实现人力资源管理现代化和人力资源管理人员专业化，酒店的每个管理人员就必须了解和掌握人力资源管理的理论、方法以及职能。

酒店人力资源管理通常包括以下内容。

根据酒店的经营管理目标和酒店的组织结构制定酒店的人力资源计划。在制定酒店的人力资源计划时，要着重解决两个问题：酒店需要多少人、需要什么样的人，即做好酒店人力资源数量和质量的预测。

按照酒店人力资源计划以及酒店的内外部环境招聘酒店员工。酒店员工招聘除了社会招聘以外，还可采用内部提升和调动的方式，将最合适的人安排在最合适的工作岗位上。

组织员工培训。为了使每个员工胜任其岗位，适应工作环境的变化，必须对员工进行经常性、不间断的培训。由于员工所担任的工作层次不同，培训方式和内容也不一样：对在操作层工作的员工应进行职业培训，即注重工作技能方面的培养；而对担任管理工作的员工则应进行发展培训，即注重分析问题和解决问题能力的培养。

努力提升员工的工作积极性。员工的工作表现取决于两个基本因素：工作能力和努力程度。通过有效的培训，员工具备了做出成绩的能力，但还需要管理人员来调动他们的工作积极性。酒店的管理人员必须掌握调动员工积极性的理论和方法，培养"企业精神"，增强酒店凝聚力，激励员工做出出色的成绩。同时，还要客观分析酒店存在的问题，研究预防和解决的方法。

掌握有效的领导方式。搞好酒店内部的沟通是有效领导的基础，管理人员必须熟练地运用沟通技巧，采用因人、因时的领导方式，才能达到有效的管理，发挥人力资源的最大效能。

合理有效的评估。成绩考评既是酒店人力资源管理效能的反馈，又是对员工成绩、贡献进行评估的方法。管理人员要掌握正确的成绩考评方法，对员工的工作成绩做出正确的评估，为其提升、调职、培训、奖励提供依据。

二、酒店人力资源管理体系

酒店人力资源管理的内容体系包括：人力资源规划、工作分析、人员招聘、培训与发展、绩效考评、薪酬管理、沟通与激励、劳动关系等。

（一）人力资源规划

人力资源规划是一项战略性和长期性的活动，与酒店的总体经营战略目标有密切关系，是酒店发展战略及年度计划的重要组成部分，也是人力资源管理各项工作的依据。

人力资源规划必须与内、外部环境保持一致，从组织的目标和任务出发，实施动态的规划。在使酒店内部员工的招募、甄选、配置、培训以及绩效考评等人力资源规划的设计相互匹配和协调的同时，还应与外部的业务动态和人力资源市场相一致，从而保障酒店未来发展所需的人力资源配置，实现酒店与员工的同步发展。酒店人力资源规划具体包括人员招聘计划、员工培训和使用计划、薪酬计划、离退休计划等有关人力资源的行动计划和预算，其实质在于选择能实现酒店发展目标的最佳方案。

1. 人力资源规划的内容

酒店人力资源规划的内容一般包括广义和狭义两部分。广义的酒店人力资源规划包括以下内容。

（1）酒店人力资源的发展。酒店人力资源的发展是指酒店人力资源的增补和素质的提高。人力资源规划的任务之一就是根据对现有人员状况的分析、预测，诸如自然减员、竞争等造成的职位空缺，拟定人员的增减、调整与培训计划。随着业务的变更和组织的变动，需要通过增补来改变人员素质结构或通过培训等手段来提高员工素质，进而提高组织整体的人员素质。

（2）酒店人力资源的转移。人力资源规划也包括职业转移的规划，是酒店编制员工招聘、培训计划的基础之一。职业的转移一般包括转移原因、职业转移的工种和人数、安置的去向和措施等内容。适当的人员流动，是酒店维持自身活力和组织先进性的要求之一，只有了解人员流动的根本原因，真正为酒店员工的利益着想，才能保证人力资源管理更好地持续进行。

（3）酒店人力资源的保护。酒店人力资源的保护包括安全规划、卫生规划、保健规划、福利规划等。规划好人力资源的保护能有效地提高员工工作能力，给予他们充分的民主权利，免去后顾之忧，使之在工作中保持旺盛的精力和热情。

狭义的酒店人力资源规划有两个层次。

第一，酒店人力资源总体规划。即在计划期内人力资源开发与管理的总体目标、总政策、实施方案和总预算的安排。第二，酒店人力资源业务计划。包括人员的招聘计划、补充计划、分配计划、提升计划、培训计划、工资计划、保险福利计划、离退休计划、劳动关系计划等。

2. 人力资源规划的程序

酒店人力资源规划的程序可分为4个阶段。

（1）准备阶段——确定目标、收集信息、预测人力资源需求、预测人力资源供给。

（2）编制阶段——综合平衡并制定人力资源规划。

（3）审批执行阶段——经审批后，实施人力资源规划。

（4）反馈阶段——收集反馈信息。

3. 人力资源规划的方法

（1）资料收集法。资料收集，即对酒店现有的人力资源状况进行调查与核实。收集资料是编制人力资源规划的前提条件之一，酒店可以从以下三方面收集资料。

①人员使用的资料；

②年龄结构的资料；

③人员素质的资料。

（2）预测法。人力资源的预测是在对未来人力需要的准确预测上进行的系统的人力资源安排。人力资源的预测是一项技术性很强、难度很大的工作，其准确度直接关系到人力资源规划的效果，是规划中的关键性工作。在充分考虑影响因素的情况下，预测应采用以定量为主，结合定性分析的各种科学预测方法。例如对人力资源需求的预测，就有总体需求结构分析预测法、人力资源成本分析预测法、人力资源学习曲线分析预测法、比例法、分合性预测法、团体预测法等多种科学预测方法。

（3）平衡法。所谓平衡法是指从客观经济规律出发，对人力资源规划的各项指标进行统筹安排，使其与酒店总体经营计划和酒店项目开发计划等协调一致。需从数量、工种、岗位等各方面，对规划期的人力资源需求量与酒店内部人力资源供给量进行平衡，以便调剂余缺、合理安排、适当招聘。人力资源规划编制的平衡法一般通过编制计划平衡表来完成。

（二）工作分析

酒店人力资源管理的一切职能，都要以工作分析为基础。工作分析可以为制定有效的人力资源规划提供科学依据，为选拔合格的人才提供客观标准，为设计人员培训与开发方案提供依据，为绩效考评提供科学标准以及为薪酬制度提供公平性保障。只有做好了工作分析，才能据此完成酒店人力资源规划、绩效评估、职业生涯设计、薪酬设计管理、招聘、甄选、录用工作人员等工作。

1. 工作分析的内容

工作分析一般包括两个方面的内容：确定工作的具体特征，即工作描述；确定该工作对任职人员的各种要求，即任职说明。规范的工作描述书包括工作名称、工作活动、工作程序、物理环境、社会环境、聘用条件六个方面，它主要是为了解决工作内容与特征、工作责任与权力、工作目的与结果、工作标准与要求、工作时间与地点、工作岗位与条件、工作流程与规范等问题。任职说明书旨在说明担任某项职务的人员必须具备的要求，主要包括一般要求：年龄、性别、学历、工作经验；生理要求：健康状况、力量与体力、运动的灵活性、感觉器官的灵敏度；心理要求：观察能力、学习能力、解决问题的能力、语言表达能力、人际交往能力、性格、气质、兴趣爱好等。

随着现代科技和知识的不断发展，在酒店管理中，对每个人的位置问题已经有了按照现代数学方法进行模糊定位的尝试。传统的工作说明书遇到跨部门、跨职能的团队合作问题时就无法发挥很好的作用，而且无法清晰地确定一个人在酒店中的定位问题，取而代之的是角色说明书，即对人力资源进行分层、分类的管理，从不同层次、不同类别来确定员工的任职资格、行为标准和工作规范。

2. 工作分析的程序

工作分析是对工作进行全面评价的过程，这个过程可以分为六个阶段，各个阶段的主要工作如下。

（1）准备阶段。明确目的；成立工作小组；确定样本（选择具有代表性的工作）；分解工作为工作元素和环节；确定工作的基本难度；制定工作分析规范。

（2）设计阶段。选择信息来源；选择工作分析人员；选择收集信息的方法和系统。

（3）调查阶段。编制各种调查问卷和提纲；广泛收集各种信息和数据。

（4）分析阶段。审核已收集的各种信息；创造性地分析，发现有关工作或工作人员的关键成分；归纳、总结出工作分析的必需材料和要素。具体可从四个方面进行分析：①职务名称分析：职务名称标准化，以求通过名称就能了解职务的性质和内容。②工作规范分析：工作任务分析、工作关系分析、工作责任分析、劳动强度分析。③工作环境分析：工作的物理环境分析，工作的安全环境分析，工作的社会环境分析。④工作执行人员必备条件分析：必备知识分析、必备经验分析、必备操作能力分析、必备心理素质分析。

（5）运用阶段。促进工作分析结果的使用。

（6）反馈调整阶段。组织经营活动的不断变化，会直接或间接地引起组织结构和分工协作体系的相应调整，可能产生新的职务或引起部分原有职务的消失。

3. 工作分析的方法

工作分析的方法多种多样，但酒店在进行具体的工作分析时要根据工作分析的目的和不同工作分析方法的利弊，对不同人员的工作分析选择不同的方法。一般来说，工作分析主要有资料分析法、问卷调查法、面谈法、工作日记法、现场观察法、工作参与法、关键事件法等。

（1）资料分析法。主要是对酒店已有的各种涉及工作分析的历史资料以及行业内相似职位的数据统计进行分析的一种方法。这种方法实行的成本较低，但缺乏准确性。

（2）问卷调查法。是由工作分析人员编制设计问卷，要求相关人员以书面形式回答，从而快速、有效地获得工作相关信息的一种调查方法。问卷调查法费用低、速度快、调查范围广，可用于多种目的的职务分析；缺点是需要说明和统一，否则会因理解不同而产生信息传递误差。

（3）面谈法。是与担任有关工作职务的人员一起讨论工作的特点和要求，以获取相关工作信息的一种调查方法。面谈法易于控制，可获得更多的职务信息，但工作信息的判断易受分析者观点的影响，面谈者易从自身利益考虑而导致工作信息失真，职务分析者所问问题的质量也会影响信息收集的质量，因而面谈法不能单独使用，要与其他方法结合使用。

（4）工作日记法。是让员工用工作日记的方式记录每天的工作活动和工作中出现的问题，以此作为分析资料的方法。这种方法要求员工在一段时期内对自己的工作情况系统地记录下来，记录的细节可能对工作分析有很重要的作用，但也可能因个人因素而使某些信息失真。

（5）现场观察法。是在工作现场运用感觉器官或其他工具，通过观察员工的实际工作活动和行为，以文字、图表和影像等多种方式来记录工作信息的收集方法。现场观察法要求观察者有足够的实际操作经验，可广泛、客观地了解信息，但它不适于观察工作循环周期很长的工作和脑力劳动工作，对偶然、突发性的工作也不易观察，不能获得有关任职者要求的全面信息。

（6）工作参与法。是工作分析者亲自体验工作的整个过程，从中获取工作信息的方法。此方法能获得真实信息，但只适于短期内可掌握的工作，不适于需进行大量训练或有危险性的工作。

（7）关键事件法。是通过酒店管理人员和工作人员的回忆，获取比较关键的工作特征和事件资料的一种方法。所研究的工作需要可观察、衡量,分析资料适于大部分工作,但归纳事例需消耗大量时间,易遗漏一些不显著的工作行为,难以把握整个工作实体。

(三)员工招聘

1. 员工招聘的原则

酒店员工招聘,是根据酒店的经营目标、人力资源规划及业务部门对所需员工的工作要求,由酒店人力资源管理部门主持进行的招聘、考核与挑选优秀、合适员工的业务活动过程。员工招聘是确保员工队伍素质良好的基础,关系到酒店的生存和发展。因此,员工的招聘工作是十分复杂的,需要遵循一定的原则。

(1)遵守法规原则。员工的招聘要符合国家相关法律、政策,要遵守《中华人民共和国劳动法》所规定的相关用人条款,如实现平等就业、照顾特殊群体,订立有效劳动合同等。

(2)双向选择原则。是在酒店和劳动者之间建立起来的平等选择机制,是劳动力资源配置的基本原则。它一方面促使酒店为招揽人才而不断提高自己的效益,提高应聘率;另一方面又能使劳动者努力提高科学文化知识和专业技能,增强竞争力。

(3)公开竞争原则。以广告或其他方式发布招聘公告,形成竞争局面,达到广招人才的目的。公开招聘提高了招聘的透明度,体现了机会均等、人人平等的公平竞争原则,同时,公开招聘为求职人员提供了信息,便于他们选择中意的酒店和工种。

(4)考核择优原则。考核是对应聘者业务水平、工作能力和工作态度的考查。考核择优是在对应聘者进行全面考核的基础上选优任用,做到任人唯贤。这是保证所招人员高素质的前提,也是应聘者平等竞争的重要条件之一。

(5)效率优先原则。力争用尽可能少的成本招聘到适应酒店需求的高素质人才。招聘成本包括招聘费用、因招聘不慎而重新招聘时所花费用,即重置成本、因人员离职给酒店带来的损失,即机会成本。高的招聘效率体现在用最低的招聘成本,招聘到相关岗位的最适合者。

2. 员工招聘的程序

员工招聘的程序是否科学、合理,直接关系到最终录用人员的素质,同时也影响着整个招聘工作的效率。人员招聘包括两个环节,即招募和甄选。招募是酒店为吸引更多人才前来应聘而进行的一系列前期活动;甄选则是酒店通过各种方法和手段,选取最符合其工作需求的应聘者。

（四）员工培训

酒店属于劳动密集型的服务行业，仅有豪华的硬件设施和先进的技术装备是不够的，更需要员工的个体素质和组织的群体素质来保障。从酒店角度看，员工培训可以使酒店市场竞争水平不断提升，使竞争的重心转移到人才的竞争；可以提高管理人员的管理决策水平；可以降低损耗和劳动成本；可以促进员工掌握新技术和先进正确的工作方法，大大提高服务质量等。从员工的角度看，员工培训可以提高个人素质，通过"培训－工作－再培训－再工作"的循环持续提升个人素质；可以为员工的自身发展提供条件，通过提供人力资本增值服务，使其不仅能出色地完成本职工作，还能跨出本职位的限制，完成更复杂更困难的工作，为其职业发展提供条件和保障。

1. 员工培训的类型

（1）按培训性质划分

①岗前培训。岗前培训即对新招聘的员工在正式上岗之前的企业文化和业务培训。目的是让员工能尽快适应岗位职责的要求，顺利完成本职工作。通过岗前培训为酒店提供一个专业、高素质的员工队伍，以保证酒店服务的质量。

②在职培训。在职培训是对在职职工进行的以提高本岗位工作能力为主的不脱产训练形式。在职培训有利于改善现有人员不适应工作需要的局面，从多方面提高员工的业务水平，同时又不影响工作的正常进行和酒店的正常运转。

③转岗培训。转岗培训是指员工由于工作需要或个人能力突出、需要从一个岗位转向另一个岗位时，使其在短时间内能适应新工作岗位的培训。

④技术等级培训。技术等级培训是按国家或行业颁布的技术等级标准，使受训人员达到相应级别的技术水平而进行的训练活动、一般是集中培训与所评技术等级相关的内容和技能。

（2）按培训对象划分

①职业培训。职业培训主要针对基层员工，培训的重点在于基层员工的具体操作能力和服务技巧。

②发展培训。发展培训主要针对管理层员工，培训的重点在于培养和发展管理人员的观念意识与决策督导技能。发展培训要求管理者全面了解和掌握酒店内外的经营环境和酒店自身的竞争实力，扩大管理者的经营视角，从而更好地实施各项管理服务职能。

（3）按培训内容划分

①道德培训。注重员工的思想素质培养，从社会公德和职业道德方面对员工进行培

训。只有员工具备了更高的思想道德素质，酒店的对客服务才能真正做到体贴入微，酒店的形象才能得到社会各界人士的认可和好评。

②知识培训。知识培训是按岗位要求对培训者进行专业及相关知识培训的教育活动，其内容具有很强的专业性和客观操作性，能提高员工的岗位作业能力。不同知识层次的员工，要进行不同的知识培训，力求每个员工经过知识培训之后，都有不同程度的专业提升。

③能力培训。知识是基础，能力是关键和重心。酒店从业人员的能力表现在多个方面，如观察能力、记忆能力、思维能力、想象能力、操作能力、应变能力、交际能力、艺术欣赏能力等。能力培训就是训练员工在具体工作中，能综合运用多项能力，保证服务产品的质量。

（4）按培训地点划分

①酒店内培训。酒店内培训是利用本酒店的培训资源对员工进行的脱产、半脱产或在职的培训活动。由于酒店对员工比较了解，在本酒店培训能针对实际作业中出现的问题进行专门的培训，且费用较低，对组织的正常运作影响不大。

②酒店外培训。酒店外培训包括输送员工到培训院校进修、参加培训和到国外有关单位考察学习等，还包括组织到各种训练营的集训活动。此类培训有助于员工系统学习专业知识、开阔视野、交流经验、团结合作，并有良好的激励作用。

2. 员工培训的内容

（1）普通员工的培训。普通员工的培训主要在于学习酒店及各部门的规章制度，掌握岗位的职责与要求，提高业务水平与操作技能。根据所从事的工作，普通员工培训以专业培训和岗位培训为主。

（2）专业技术人员的培训。财务人员、工程技术人员、厨师等，需要接受各自专业技术培训，掌握本专业的理论知识和业务操作方法，从而提高自身的专业技能。

（3）管理人员的培训。基层管理者的培训应注重充实知识，提高实际工作能力；高级管理者需了解政府的有关政策、法规与方针，学习与掌握现代管理理论与知识，提高预测能力、控制能力、决策能力等。

3. 员工培训的方法

（1）操作示范法。操作示范法是针对专业操作技能要求较高的岗位培训而设置、为使受训者熟练掌握正确的操作方法，安排部门专业操作技能突出的员工在工作现场或模拟工作环境中利用实际使用的器材，进行讲解和示范的一种培训方法。包括讲授示范操作与模仿实操两道基本程序。

（2）职务轮换法。职务轮换法是让有潜力的员工在不同职位上轮岗工作、以提高其整体素质和能力，发现其优势所在，从而充分发挥其工作积极性，提高工作效率的一种培训方法。

（3）见习带职培训法。见习带职培训法是酒店对新聘用员工的一种试用机制，在见习期内实施岗位的培训工作，见习期满后进行考察，合格者进一步留在企业就职。

（4）角色扮演法。角色扮演法是让员工模拟实际情景，扮演工作中的不同角色进行训练的一种方法。培训者可以选取工作中主要的、常见的、特殊的场景，要求员工扮演工作中所涉及的不同角色，实现角色互换，让受训者体会到工作的不同侧面，从而提高服务质量和水平。

（5）参观考察法。参观考察法是组织受训员工参观本酒店或其他酒店、甚至是出国考察学习的一种方法。通过让员工在参观考察中进行横向和纵向的比较，发现自身的不足和先进者的优势，积极学习借鉴别人的先进工作经验和工作方法。

（6）案例研讨法。案例研讨法是针对工作中的一些重要问题进行集体讨论的培训形式。在对特定的案例分析和辨证讨论中，受训员工集思广益，畅所欲言，各抒己见，不断汲取新的思想，让员工开阔视野，学习经验和方法。案例研讨法的案例需要具有典型性、普遍性和实用性，从而提高员工解决实质性问题的能力和技巧。

（7）视听教学法。视听教学法是运用现代高科技电子技术和成果，将影像、网络等运用于培训教学中的一种方法，此举不仅能够提高培训的质量和效率，还可以降低成本。

（五）薪酬管理

1. 酒店确定薪酬的依据和原则

（1）确定薪酬的依据。

薪酬是酒店对员工所作贡献的一种肯定，是酒店给予员工的各种财务报酬，包括薪金、福利及各种奖励等。确定薪酬的依据有：

①绩效考评的结果。绩效考评是评价员工工作成绩、奖励优秀员工的基本依据。薪酬的确定也要依据绩效考评的结果，使薪酬的发放公平、客观。

②职位的相对价值。酒店应当系统地评定各个职位的相对价值，依照每一职位的工作对酒店的贡献率、相对重要性、工作性质、工作经验、特殊技能、履行职责的风险等来评定各个职位的排列顺序，并以此作为职员获取薪酬的依据。

③劳动力市场供求状况。薪酬相当于劳动力的市场价格，劳动力市场的供求变化直接影响着价格的变化，薪酬水平也会随之变化。因此，要注意劳动力市场的价格变化趋势，进而确定薪酬的多少。

④居民生活水平。社会进步、经济发展的突出体现就是居民生活水平的提高，酒店的薪酬水平与当地居民的生活水平也应当具有客观的可比性。

⑤酒店财务状况。酒店薪酬发放资金的来源是财务收入，只有酒店有可观的经营效益，才会有更多的资金进一步投入到薪酬上。酒店的财务状况，直接影响到酒店的薪酬水平，尤其是浮动的那一部分，如奖金和福利等。

（2）薪酬管理的原则。

薪酬的管理要达到预期的效果，还必须遵守一定的原则。

①公平性原则。公平理论（Equity Theory）是由斯达西·亚当斯（J.Stacey Adams）提出的他认为员工会首先思考自己所得与付出的比率，然后将自己的所得与付出和他人的所得与付出进行比较。公平性原则是酒店人力资源管理的一条总原则，薪酬制度的对内公平会使得员工满意并对他们起到激励的作用，对外公平则可取得竞争优势。

②激励性原则。薪酬虽不是激励的唯一因素，但却是关键性的因素。按劳分配、多劳多得能够促进员工的工作效率，提高员工满意度。

③个性化原则。薪酬制度的制定不一定要具有压倒性的竞争优势，但可以根据酒店自身的特点和资源来确定酒店的薪酬水平。高薪酬固然能留住大量优秀的人才，但诸如工作保障、升职机会、工作环境等因素也同样可以影响员工的满意度。因此，薪酬制度的设计可以有个性化的特征。

④合法性原则。酒店人员流动性大，结构复杂，薪酬制度也形式多样，但一定要符合国家法律法规。

2. 酒店薪酬的结构设计

薪酬有直接和间接两种表现形式，直接薪酬由工资和奖金组成，间接薪酬又称福利，由集体福利、补助、带薪休假和保险等组成。

（1）工资制

①结构式工资制。结构式工资制是由若干具有不同功能的工资组合而成的分配制度，主要由基础工资、职务工资、工龄工资、效益工资、津贴等部分构成。基础工资又称固定工资，是按国家政策和员工基本需求而设计的；职务工资又称岗位工资，是根据工作分析中员工所担任的职务或岗位级别来确定的，一般职务越高，责任和风险越大，贡献越多，

岗位工资就越高；工龄工资是根据工龄的长短而确定的工资部分；效益工资又称奖励工资，它根据酒店的效益好坏和员工的表现而浮动。结构式工资制在一定程度上体现了按劳分配的原则，具有操作简单、直观简明的特点，适合中、小型酒店。

②岗位等级工资制。岗位等级工资制是按照各个不同岗位和每一个岗位中的不同等级来确定工资标准的工资制度，根据岗位规模、职责范围、工作复杂程度、人力资源市场价格等方面综合评定各个岗位和岗位内部不同等级的工资水平。其中，岗位规模是指该岗位对酒店的影响程度和影响范围；职责范围是指完成工作独立性难度、沟通频率和方式；工作复杂程度指任职资格、作业难度、工作环境等；人力资源市场价格是人力资源供求状况和所需人才市场价值的体现。通过综合评定这些因素，再利用点数法分析和测定酒店各个岗位的点数，将岗位划分为不同的等级以及同级岗位内部的不同等级，从而确定各个等级的工资水平。

③计件工资制。计件工资制最初应用于工业产品制造业，酒店行业的计件工资制是根据员工所完成工作如按客房出租率、餐厅营业额、商品销售量等衡量要素的数量、质量和所规定的计价单价核算而支付劳动报酬的一种形式，工资的数额由工作标准和工作成效决定，是典型的按劳分配。这种工资制，最好与其他的工资制结合使用，才能达到较好的效果。

三、基本管理步骤

（一）工作设计

工作设计是酒店组织结构设计的延续。酒店组织结构确定之后，按具体情况划分各个部门，在每个部门内还应包括各个工作岗位及具体的工作内容。工作设计还应包括制定一套关于每个工作岗位的性质、任务、条件和要求的标准，并以此标准来衡量职工的工作表现。具体地讲，有两项非常繁重、复杂并且非常重要的工作内容——工作岗位设计和职务分析及职务说明书的制定。岗位设计不仅仅指管理层的职位，还应包括操作层的每一个工作岗位。

（二）制订计划

酒店的人力资源计划与酒店整体的经营计划息息相关。只有在酒店确立了整体的经营管理目标和经营计划后，才能制订相应的酒店人力资源计划。酒店的人力资源计划从人力资源方面保证了酒店经营计划的实施，主要内容如下。

确定人力资源需求计划。通过对酒店工作的任务分析，确定酒店企业所需要的人力资源的数量和素质等标准。制订人力资源计划首先应与酒店总体经营计划相匹配，因为任何企业对人力资源的需要，从根本上说，都是由企业未来发展目标和战略的需要决定的，比如开办一家新的酒店，可能因经济衰退而缩小经营规模，这些总体经营计划会对企业人力资源需求产生很大的影响。其次，人力资源需求计划应是对企业未来经营状况的一种反映。结合人力资源现状分析，确定满足未来人力资源需要的行动方案，决定通过何种途径寻找合适的人才来填补空缺的职位。至于增补、选拔员工或减员的行动方案，应针对不同类别的职务与人员恰当地制订，不能采取过于简单或强求统一的方法来处理。

（三）定员定编

在定员定编工作中，首先要确定各类人员在人员总数中所占比重，即定员结构。因此，要对员工进行分类，可以按一线服务类和二线服务类来划分：一线服务类是指直接为客人提供服务的员工，如前台接待员、行李员、订房员、迎宾员、客房服务员、餐厅服务员等；二线服务类是指不直接与客人接触的员工，如工程维修人员、厨师、采购人员和办公室文员等。酒店要根据自身的情况，确定一线和二线人员的比例。

酒店在确定员工编制时有一个重要的参照标志，即客房数量，这是国际酒店业基本公认的定员标准。因为客房是酒店建筑物的主体，其营业收入能够占到酒店总收入的一半以上，客房的投资成本也最大，因此以客房数作为定员参照标志是合理的。目前，美国酒店的定员比例为1∶0.6，即拥有100间客房的酒店只需员工总数60人，这一比例与美国劳动力成本高有直接的关系。根据我国的实际情况，我国酒店的定员比例平均为1∶1.5。当然，酒店的档次与类型不同，定员定编的比例可有所不同，比如高档商务型酒店，人员配置比例就可定得高一些；经济型酒店，人员配置比例就可定得低一些。

（四）人员选拔

酒店招聘员工本着用人所长、容人所短、追求业绩、鼓励进步的宗旨，以公开招聘、自愿报名、全面考核、择优录用为原则，从学识、品德、能力、经验、体格等方面对应聘者进行全面审核；同时，在招聘工作的管理上要强调计划性和效率性。

酒店招聘有广义与狭义之分。广义的招聘包括外部的招聘和内部的招聘，狭义的招聘仅指外部的招聘。这里所指的招聘是狭义的招聘，即指依法从社会上吸收劳动力、增加新员工或获取急需的管理人员、专业技术人员或其他人员的活动。酒店的业务与规模要扩大，酒店的经营与管理水平要提高，都需要从外部招聘一定数量和质量的人才。酒店必须确立正确的招聘指导思想，遵循科学的招聘程序，并综合运用有效的招聘方法。

1. 招聘程序

（1）准备筹划阶段。这一阶段主要包括确立招聘工作的指导思想，根据酒店经营的需要和社会上劳动力资源的状况，确定招工计划等。

①确立招聘指导思想。一是塑造形象的思想；二是投资决策的思想；三是市场导向的思想；四是遵纪守法的思想。

②人力资源需求预测。酒店人力资源需求预测，实际上就是酒店未来人员数量上和质量上的变化预测。一般而言，影响酒店人员需求变化的主要因素有：酒店规模的变化，酒店等级、档次的变化，酒店企业组织形式与组织结构的变革，酒店经营项目和产品结构的调整，酒店人员素质要求的变化，酒店人员流动状况，社会科学技术的进步等。

③人力资源供给分析。酒店人力资源的供给情况，直接关系到酒店的招聘政策。要制订科学的员工招聘计划，做好员工招聘工作，首先必须对人力资源供给状况进行详尽分析，以便正确制定员工的招聘标准和政策。

④策划招聘方案。酒店在招聘的准备筹划阶段应认真思考以下问题：什么岗位需要招聘、选拔，招聘多少人员，每个岗位的任职资格是什么，运用什么渠道发布信息，采用什么样的招聘测试手段，招聘预算是多少，关键岗位的人选何时必须到位，招聘的具体议程如何安排。在此基础上，根据国家有关部门的政策、酒店短缺岗位的任职资格以及酒店人力资源市场的供求情况，确定招聘区域、范围和条件，确定相应的人事政策，并据此确定招聘简章。

（2）宣传报名阶段。发布招聘信息与受理报名，既是筹划工作的延续，又是考核录用的基础，起着承上启下的作用。这一阶段主要应抓两大环节：一是发布招聘简章，其目的在于使求职者获得招聘信息，并起到一定的宣传作用；二是接受应聘者报名，其目的是通过简单的目测、交谈与验证，确定其报名资格，然后通过就职申请表，了解求职者的基本情况，为下一步的考核录用工作奠定基础。

（3）考核录用。考核录用阶段是招聘工作的关键，主要包括全面考核和择优录用两项工作。全面考核就是根据酒店的招聘条件，对求职者进行适应性考查。择优录用，就是把多种考核和测验结果组合起来，综合评定，严格挑选，确定录用者名单，并初步拟定工作分配去向。

（4）招聘评估。招聘评估是酒店员工选拔、招聘过程中不可缺少的一个环节，这一环节必须结合酒店情况进行动态跟踪评估。如果录用人员不符合酒店岗位的要求，那么不仅会浪费招聘过程中所花的财力、精力与时间，还会直接影响到相关岗位与部门的工作成效。

2. 招聘途径

（1）借助外力。人员招聘，特别是高层管理者、重要中层岗位和尖端技术人员的招聘，是一项专业性和竞争性非常强的工作。有时，酒店利用自身的力量往往难以获得合适的人才。对此，酒店可以委托专业搜寻、网罗人才的猎头公司，凭借其人才情报网络与专业的眼光和方法以及特有的"挖人"技巧，去猎取酒店所需的理想人才。当然，酒店也可以采用人员推荐的方法，即通过熟悉的人或关系单位的主管引荐合适的人选。

（2）借助网络。21世纪是网络经济的时代，互联网以特有的方式改变着人类的思维与观念。网络招聘日益成为招聘的主渠道之一，因其具有费用低、覆盖面广、周期长、联系便捷等优点。酒店通过网络招聘人才，既可以通过商业性职业网站，也可以在自己公司的主页上发布招聘信息。

（3）借助会议。随着我国以市场为基础的人力资源开发及就业体制的建立与完善、人才市场的逐步形成与规范，各种人才见面会、交易会等也相继增多，酒店应抓住这种时机，广为宣传，塑造形象，吸引人才。

（4）借助"外脑"。现代社会知识爆炸，科技突飞猛进，经营环境千变万化，酒店要想自己拥有和培养各类人才既不经济，又不现实。酒店可以采取借助"外脑"的途径，如：聘请"独立董事"，以保证决策的客观性和科学性；聘请顾问，参与企业的重大决策和有关部门的专项活动；委托专业公司经营管理或进行咨询与策划，以减少风险。

（5）借助培训。为了提高自身的素质，越来越多的酒店中、高层管理者开始积极参加各种外部培训班，以更新自己的知识结构、拓展人际关系网与寻求新的发展机会。在培训期间，酒店管理者会接触到各种各样的人才，有些人才可能正是酒店急需引进的，酒店管理者应利用外部培训机会，有意识地物色所需的紧缺人才，并借助同学情谊与自身魅力等吸引优秀人才加盟。

3. 招聘技术

（1）笔试技术。笔试，是指在控制的条件下，应试者按照试卷要求，用文字的方式答题的一种考试形式。这种考试一般在以下几种情况下使用：一是应聘人员过多，需要用笔试先淘汰一部分人员；二是招聘岗位需要特定的专业知识与能力，而学历和职称难以考量其是否具有必要的应知和应会；三是需要测试其智商等其他要素。

（2）面试技术。面试是一种评价者与被评价者双方面对面观察、交流的互动可控的测评形式，是评价者通过直接沟通来了解面试对象素质状况、能力特征以及应聘动机的一种人员考试技术。面试是一项较为复杂的工作，酒店招聘应在正式面试之前做好面试的各项组织和准备工作，主要包括选择面试场所、选择面试方式、确定面试内容和步骤三个方面。

（3）测试技术。招聘录用过程中使用的测验类型有很多，大致可以归纳为操作与身体技能测试、心理测试、模拟测试几类。

4. 初选、考试与评估

（1）初选。如果应聘人数很多，人力资源管理部门不可能对每一个人进行详细的研究和考查，否则成本太高，这时就需要进行初步的筛选，即初选的过程。内部候选人的初选比较容易，可以根据酒店以往的人事考评记录进行；对外部应聘者则需通过初步面试、交谈、填写表格和提交应聘材料的方式，尽可能多地了解他们的情况，观察他们的兴趣、观点、见解、创造性和性格特征，淘汰那些不符合岗位要求的人。在初选的基础上，对余下的有限数量的应聘者进行考试和评估。

（2）考试与评估。考试的方式和考试过程的设计必须尽可能地反映应聘者的技术才能、与人合作的才能、分析的才能和设计的才能等。

5. 挑选与任用

经测试合格的候选人通常还要接受体格检查，这对于酒店员工来说是非常重要的，某些疾病（如传染疾病）可能不适合酒店工作。所有测试和检查都合格的候选人原则上可以作为挑选和录用的对象。挑选工作包括核实候选人材料，比较测试结果，听取各方意见，同意聘用，发放录用通知等步骤；任用就是将核实的被聘者安置到合适的岗位上。挑选合格的员工进入酒店后，首先要接受上岗教育，上岗教育包括企业历史、产品和服务介绍、规章制度、组织机构、福利待遇等具体内容，也包括企业的价值观、经营理念、英雄模范、应具有的工作态度等企业文化方面的教育；岗前培训也是新员工适应企业环境的过程，其中工作的轮训是一项不可缺少的内容，它不但能提升新员工的技能和工作经验，而且有助于培养他们的合作精神和对不同岗位同事的理解。

经过一段时间的上岗培训，新员工才能真正成为企业的一员。这时，人力资源部门可以根据该员工申请的职位、培训期表现和其个人能力倾向等综合因素，将其安排在合适的职位上。

（五）素质培养

随着经济的发展，酒店业也进入了快速发展时期，酒店业的竞争归根到底是人才的竞争。在知识经济时代，人才不仅是生产要素，更是宝贵的资源，是企业的灵魂。员工各方面素质的提高能够提升酒店的服务质量，从而提升酒店的美誉度和其在行业中的地位。良好的员工职业素质是酒店长远发展的需要，对于酒店提升自身的竞争力有着重要的作用。

作为酒店的员工，应该具备以下职业素质。

1. 服务意识

服务意识是指酒店员工表现出的热情、周到、主动为客人提供良好服务的意识和行为，是提高酒店服务质量的关键。员工应明确自己的岗位职责，认真、热情地做好每一项工作，增强服务意识，具体表现为微笑待客，时刻关注客人的需求，热情真诚，为顾客提供周到的服务。同时，要树立重视细节的服务理念，增强把握细节的本领，细节体现水平、效率、质量，能给顾客留下深刻印象。

2. 沟通能力

酒店的人际关系较为复杂，在酒店服务中，表达与沟通能力是非常重要的。酒店人员需要处理好与客人、同事、上下级之间的关系，具备较强的交流沟通能力与技巧，能及时化解人际关系中的误解与矛盾，懂得倾听意见及建议。尤其是在服务过程中出现的一些问题，更加需要员工用合理的方法去沟通，从而使工作顺利进行。

3. 合作能力

团队的力量大于个人，个人的价值在集体中才能得到最好的体现。酒店工作需要整个酒店各部门以及员工的密切合作才能实现。只有酒店的员工团结合作、顾全大局，酒店才能获得整体利益；只有酒店员工具备良好的合作能力，与同事、上下级之间相互支持、相互配合，酒店才会有较强的凝聚力和战斗力，造就一加一大于二的结果。

在酒店业的竞争中，酒店管理人员和员工素质起着十分重要的作用，一支高素质的酒店管理和服务人员队伍，是酒店人力资源管理中非常重要的一环，酒店人员的素质培养与能力提升，对于酒店实现长远、全面的发展有着深刻的意义。

第三节 酒店人力资源管理创新

一、酒店人力资源队伍的现状

随着酒店业规模的不断扩大，酒店一线服务人员的需求在急剧上升，但旅游人力资源市场却在萎缩。20 世纪 80 年代，国家在教育政策上倾向于发展中等职业教育，培养出了一大批能直接到酒店工作的人才。20 世纪 80 年代后期和 90 年代初，由于酒店投资建设过度，酒店从供不应求变为供大于求，人力资源市场也随之发生变化。20 世纪 90 年代末以来，由于很多外企公司和高新技术企业的行业优势远远超过酒店，酒店的经济待遇无力与其相媲美，人们进入酒店就业的愿望在减弱加上国家不断扩大高等教育招生，导致酒店人才生源萎缩。在经济发展和教育体制改革的双重压力下，一方面，经济发展推动了酒店业的市场需求扩大，需要更多的劳动力；另一方面，酒店业经营的微利时代制约了酒店员工待遇的提高，酒店人力资源供给远远不能满足酒店业高速发展的需求。

二、酒店人力资源发展的创新方式

（一）职工培训

培训是酒店人事管理的重要内容，是人力资源开发的重要手段。职工培训对于人力资源开发有着极为重要的作用，是酒店人力资源管理的一项重要功能。酒店优质服务需要有训练有素的服务人员，高效的管理需要具有管理才能的管理人员。无论是合格的服务人员还是管理人员都离不开培训，培训是现代酒店管理过程中必不可少的工作。

不管新老员工都需接受培训。新员工需要入职培训，酒店的老员工在不同的阶段也同样需要不同类型的培训，方可保持与时俱进。以酒店前台工作为例，在 20 世纪 80 年代以前，几乎所有的酒店都采用手工操作来办理入住和结账手续，而当今酒店一般都采用电脑技术，极大地简化了酒店的入住登记和结账离店手续，科技的迅猛发展导致老员工面临知识和技能老化的新问题。此外，当今酒店业竞争加剧，客人需求越来越高，加上酒店产品中人对人的服务成分很大，员工素质的高低直接影响其对客服务质量的好坏。在各方面挑战之下，狠抓员工培训，就成为各酒店促进服务质量和提升竞争优势的基本手段。

从系统的角度来看，培训可以划分为四个不同的阶段：培训需求分析、培训项目的设计、培训项目的实施和培训效果评估。如此螺旋式循环往复，逐渐实现酒店组织的既定培训目标。

1. 培训需求分析

可从组织需求分析、工作需求分析和个体需求分析这三个方面着手进行培训需求的分析。

（1）组织需求分析。该分析指的是组织在确立其培训重点之前，必须首先对整个组织所处的环境、制定的战略目标以及组织所拥有的资源状况进行一次全面的了解和分析。例如，美国"9·11"恐怖袭击事件发生之后，美国酒店业迫切感到了在安全培训方面的需求；又如，在酒店餐饮流程的改造中，如果只是强调后台厨师研制新菜品的工作，而不对酒店营销人员和餐饮前台人员进行促销培训，菜品翻新的培训计划就很难达到预期的效果。

（2）工作需求分析。工作需求分析是通过工作分析来确定一项具体的工作或职位由哪些任务组成，完成这些任务需要什么技能以及完成到什么程度是合乎标准的。工作需求分析是培训需求分析中最烦琐的一部分，但只有对工作进行精确的分析并以此为依据，才能编制出真正符合企业绩效的培训课程。

（3）个体需求分析。个体需求分析是把潜在的参加培训的人员个体所拥有的知识、技能和态度，与工作说明书上相应条款的标准进行对比，筛选出谁需要培训以及具体需要在哪一方面进行培训。换句话说，个体需求分析是要找出个体在完成工作任务中的实际表现与理想表现之间的差距。

2. 培训项目的设计

一旦培训需求确立之后，下一步要考虑的问题便是如何通过精心的培训设计去达到培训目标。专家指出，一项精细的培训设计需要将以下四个方面的问题纳入通盘的考虑。

其一，在目标的确立阶段，培训设计者应当尽量将目标具体化、明确化以及可衡量化。例如，"提高员工的满意度"之类的培训目标是很难成功的，因为员工的满意度是一个很难量化的指标，即使通过量化的手段测出了满意度指数，酒店方面所投入的时间和精力成本也难免过高；而"减少员工的流失率"就是一个较为具体并且比较容易获得的数据的指标。

其二，培训效果的好坏往往在设计阶段就埋下了伏笔。在培训开始之前，非常有必要对员工的实际情况进行摸底，找出他们的工作绩效与组织所期望的绩效之间的差距，这样会激发员工参加培训的欲望。反之，如果一个员工在培训开始之前没有做好思想准备，那么再好的培训对他来说，都只不过是走过场而已。

其三，培训设计应当考虑授课的方式。酒店在做培训设计时，应当尽量考虑大多数学员的实际水平和吸收新知识与技能的能力。例如，针对酒店员工大多数都是成年人的特点，培训师应当在培训中多采用重复和强化的手段，帮助成人记忆所要掌握的具体内容；针对酒店大多数员工文化素质偏低的特点，培训内容应当尽量形象和直观；为了方便员工在工作中能最大限度地运用培训所学，培训的内容和方式应当与真实的工作情形保持尽可能强的相似性。实践表明，成人学习有以下定律：偏好自我学习的经验；学习速度和效率不一；学习是持续不断的过程；学习是在刺激感官中发生的；在实际操作中的学习效果最佳；"传授－示范－实操"是成人学习新技能的最佳方法。

其四，培训设计还应当考虑培训师的具体特点。毋庸置疑，培训师的素质如何将直接影响到学员的培训和学习效果。一个称职的培训师通常具备以下素质：对授课内容和专业技术了如指掌；顾及大多数参训人员的学习能力；耐心倾听并解答学员提出的问题；具有幽默感；对讲授内容抱有兴趣；讲解透彻清晰；充满热情等。

3. 培训项目的实施

一项培训能否达到预期的效果，在很大程度上取决于培训项目在前、中、后期的各项工作能否落实到位。很多经理们的培训计划做得很好，却没有成功地实施。在培训项目的实施过程中，会遇到方方面面的问题和阻力。如在我国，大多数酒店培训项目都是在职培训，在培训时间的安排上或多或少会与业务接待时间或员工的休息时间发生冲突。实践表明，如果没有各部门与培训项目有关人员的通力合作，再好的培训项目计划也难以得到顺利的实施。

在培训项目的实施阶段，恰当的培训方法的选择和运用是成功的关键因素之一。在实践中，针对酒店非管理人员的职业培训和针对管理人员的发展培训往往差别很大，酒店有必要采用不同的方法对不同的群体进行针对性的培训。

4. 培训效果评估

大量事实证明，尽管很多酒店在培训方面投入了不少的人力、物力、财力和时间，但培训效果却不尽如人意。培训效果评估是培训项目中最重要的一个环节，但是在实践中这个环节往往是最薄弱的，且常常得不到重视。究其原因，主要是因为经理和主管们不十分了解应该如何评估培训效果，因此有必要介绍一下培训效果评估的理论及其方法。

（1）柯氏四段培训评估理论。在众多的培训评估理论中，柯氏四段评估理论最有名气。四段评估包括反应、学习效果、行为改善和结果评估。

①反应。即受训者对培训的总体感受如何。经理们一般可以通过问卷调查法和访谈法，了解并征求学员们的意见和对培训项目本身包括培训师的评价和建议。

②学习效果。即受训者对培训内容的掌握程度。具体的评估办法可以视情况采用测验或演练观察等方法，如对比学员训前和训后对酒水知识的了解和掌握情况，则不难发现其学习有没有效果。

③行为改善。即受训者在工作岗位上运用培训所学后，其工作行为和绩效发生了什么样的变化。例如，比较一下餐饮摆台人员训前和训后的工作效率以及对客服务态度的变化情况，便可得知培训对其有没有起到作用。当然，在这部分评估中，要注意识别引起员工行为和工作绩效变化的真实原因，因为导致行为改善的因素不止培训一种，然而，要做到这一点是不容易的。

④结果。培训最高层次的评估是看培训给部门或组织究竟带来了什么样的影响和变化。这些变化是多方面的，酒店可从客房销售的REV—PAR值、宾客满意指数、员工满意指数以及投资回报率的变化等角度对培训效果进行深层次的评估。不难发现，这部分的评估可操作性不强。如前所述，就像很难区分是培训还是培训以外的因素导致员工绩效改变的道理一样，酒店在部门和组织层面上的绩效变化，很难断定是否是由培训因素所导致的。

应当指出的是，柯氏四段培训评估理论虽然在实践中得到了广泛的运用，但该理论本身存在局限性，尤其是其第三和第四个层次的评估可操作性并不强，很难创建令人信服的可以量化的指标体系；很难区分个人行为改善和组织绩效改善的原因是由培训因素还是培训以外的因素导致的。不但如此，该理论可以说是站在培训的角度审视培训效果，而对于培训以外的因素如组织文化对培训效果的影响如何，却不得而知。

（2）霍氏培训评估理论。霍顿在总结了前人在培训评估理论方面的不足的基础上，创造性地提出了培训成果转化系统的理论，即员工在工作中运用培训所学知识时会受到一系列因素的影响，这些因素不但包括培训本身的因素，而且还包括受训者个人以及组织的环境氛围等因素的影响。从效果来看，这些影响因素可能产生的是积极的或正面的影响，也有可能产生的是消极的或不好也不坏的影响。培训效果的好与坏是所有影响因素综合作用的结果。归结起来，培训影响因素可以细分为次要的影响因素（如员工的自我效能）和三个主要因素：环境影响、动机因素和转化所需的必要条件。为了使培训成果转化系统理论能在实践中加以运用，以便评估组织的培训转化系统的运行情况，霍顿等人还专门制作了一个可以具体评估培训的诊断测试工具——学习成果转化系统指标体系。

（二）沟通与激励

1. 沟通

（1）沟通的含义和作用。沟通是人与人之间或群体之间传达思想、交换信息和建立理解的社会过程。从某种意义上说，酒店的整个运作和管理过程都与沟通有关。沟通可以协调酒店的各个单体和要素，使之团结在一起，增强酒店的凝聚力；沟通是酒店领导者激励下属，实现领导和管理职能的基本途径；沟通是酒店内部与外部相互联系的桥梁。沟通在管理中，尤其是在人力资源管理中，起到了非常重要的作用。

（2）沟通的分类。

按照沟通的方法，沟通可分为口头沟通、书面沟通、非言语沟通、体态语沟通、电子媒介沟通等。

按照组织系统，沟通可分为正式沟通和非正式沟通。一般来说，正式沟通是以酒店正式组织系统为渠道的信息传递；非正式沟通是以非正式组织系统或以个人为渠道的信息传递。相比而言，非正式沟通主要传播的是所关心的和与其相关的信息，具有信息交流快、准确、效率高等特点，但也可能带有一定的片面性。酒店如何利用好非正式沟通，增强员工舆论导向，对调动员工工作积极性非常重要。

按照沟通的流向，沟通可分为下行沟通、上行沟通、平行沟通。下行沟通是自上而下的沟通，即上级将政策、制度、目标、方法等告知下级；上行沟通则是自下而上的沟通，即下级向上级反映情况、提出要求和建议、请求支援等；平行沟通是平等级别组织间的沟通。

酒店内部沟通可以根据不同沟通方式的优缺点，针对具体情况进行选择和运用，进而建立起酒店的沟通网络体系。一个高效的沟通网络体系能够最大限度地调整员工的精神状态，减少人际误会、矛盾乃至冲突，使全体员工相互信任、团结一致，实现员工与酒店组织目标的统一。

2. 激励

激励，简而言之就是激发和鼓励。激励的目的是使人的潜能得到最大限度的发挥，通常潜能不会主动地展现出来，而需要外界的刺激和引导，形成一种推动力或吸引力，再通过自身的消化和吸收，产生一种自动力，这就是激励的作用过程。因此，激励的实质就是激发人的内在潜力，开发人的能力，充分调动人的积极性，使每个人都感到才有所用，力有所展，劳有所得，功有所赏，从而自觉地努力工作。

（1）激励的类型。按激励的内容，可分为物质激励和非物质激励。物质激励作用于员工的物质生活需求，从马斯洛需求层次理论可以了解到物质的需求是基本需求，只有满足了基本需求，才能更好地进行精神追求，挖掘潜力，完成好工作。物质激励的方式有奖金、分红、持有公司股份等。非物质激励则是针对人的精神需求，提供精神满足的激励，如上级的夸奖、公司的表彰等。

①按激励的性质，可分为正激励和负激励。正激励就是对员工目前的行为表示满意，并通过表彰和奖赏来促进员工保持、巩固和发展这种行为，以达到激励的目的；负激励则是员工的行为和表现不符合组织的要求，而通过教育批评或惩罚的方式来进行激励的过程。这两种激励的方法都要注意把握"度"，否则会引起员工的反感，导致激励的失败。

②按照激励的形式，可分为内激励和外激励。内激励是从员工的心理特点出发，通过启发和诱导，激发其主动性和积极性，使其在工作上投入极大的热情；外激励则是运用外部环境条件来制约员工的行为动机，加强团体合作，从而达到组织和个人的目标一致性。

（2）激励的机制

①薪酬激励机制。薪酬是员工从事劳动而得到的货币形式和非货币形式的补偿，是酒店支付给员工的劳动报酬，是保障和改善员工生活的基本条件。可通过设立科学合理的薪酬制度，充分体现公平性和效益性，对核心人才给予薪酬倾斜等方式达成薪酬激励，其中奖金部分所起到的激励作用最为显著。

②竞争激励机制。安定的工作环境不利于发挥员工的聪明才智，只有竞争的环境才能有效地调动员工的工作激情，激起员工奋发向上的工作干劲。员工也希望在工作中得到成长和发展，并获得成就感，为了实现这种愿望和要求，酒店有必要帮助他们制订好职业发展计划，使其有明确的奋斗目标，并在竞争环境中不断得到发展。

③领导激励机制。一个企业经营的好坏在很大程度上取决于管理者的战略眼光和管理水平，一个好的人力资源管理者应该具备合格的人力资源管理专业技术以及良好的情商。在酒店人力资源管理过程中，应充分理解员工，关怀员工，信任员工，增强员工的自尊、自主意识，并对员工进行合理的授权，在精神上激励员工，这就是领导者激励机制。

④文化激励机制。企业文化，是指酒店在整合外部环境和内部环境的过程中所形成的共同思想、价值观念、作风和行为准则。优秀的企业文化能够培育员工的认同感和归属感，建立起成员和组织之间相互依存的关系，使之凝聚在一起，达到自我净化、自我完善、自我革新、自我提高的效果。

⑤综合激励机制。综合激励机制，是一种运用多种手段，多方面、多角度的综合的激励机制。例如综合运用榜样激励、培训激励、任务激励、环境激励、荣誉激励等，针对

不同员工的不同特点，使用最有效的激励方式，以达到最好的激励效果。

（三）工作绩效评估

1. 工作绩效评估概述

绩效是人们所做的同组织目标相关的、可以观测的、具有可评价要素的行为，这些行为对个人或组织具有积极的或消极的作用。绩效评估则是收集、分析、评价和传递员工在其工作岗位上的行为表现和工作结果方面的信息情况的过程。

2. 绩效评估的方法

实践表明，针对不同的个人，应该采用不同的绩效评估方法，方法的选用往往对绩效评估结果的客观性和公正性造成直接的影响，不恰当的评估及其运用会给个人和组织带来负面的效应。

总的说来，个人绩效评估方法可以分为三大类。

（1）特征评估法。所谓特征评估，是指评估雇员担任职位所需要的重要特征（如独立性、创造性等）达到了何种程度。特征评估法包括图表尺度评价法、叙述文章法、强制选择法和混合标准法。

（2）行为评估法。该方法是从员工在工作中所表现出的具体行为的角度，对其工作绩效进行评估，具体包括关键事件评价法、行为锚定等级评价法、行为观察评价法等。

（3）结果评估法。结果评估法有诸多明显的优点，如很少有主观偏见、上下级均可以接受等。鉴于此，在酒店的具体实践中，结果评估法得到了广泛的运用。不过，该评估法也不是没有局限性。例如，在酒店销售人员的业绩评估中，同一位销售人员有可能在两个不同的评估期内付出了相同的努力，但在结果上，这两个评估期的业绩好坏有可能差异很大。究其原因，很有可能是市场因素发生了变化。又如，在对经理个人业绩的评估中，以财务指标为导向的结果评估往往诱发经理们在工作中的短期行为。此外，不同的结果评估法会导致不同的工作价值观和行为倾向。在酒店的实际工作中，应当视情况不同采取不同的结果评估法，常见的结果评估法有劳动效率评估法、目标管理评估法和平衡计分卡评估法。这些方法除了被用来评估员工个人绩效之外，还常被用来评估部门或团体的工作绩效。

以目标管理评估法为例，目标管理评估法是由评估人员与被评估人员一起制订被评估人员在评估期内的具体目标，同时制订到达该目标的计划、步骤甚至方法等。在实施过程中，评估人员还需要阶段性地与被评估人员一起讨论目标的进展情况，并根据实际情况对目标加以适当的调整和修改。最后，在评估期结束时，根据目标完成情况对被评估人做出绩效评价。

3. 评估面谈方法及注意事项

绩效评估的主要目的，一方面是帮助员工查找导致绩效不理想背后的原因，并以此来增加共识、减少误解和猜疑；另一方面是为员工绩效改善和今后职业发展方向提供积极的参考和建议。为此，有必要采用恰当的面谈方法并遵循绩效面谈的一些原则。

常见的绩效面谈方法有告知与诱导型、告知与倾听型以及问题解决型。在实施告知与诱导型面谈时，评估师或经理人员把评估结果告诉被评估人之后，应当着重向被评估人提供对症的良策，引导其改善或提高工作绩效。在告知与倾听型面谈法的运用中，评估师或经理首先将考评结果客观地向被评估人反馈，当被告知不好的绩效评估结果时，被评估人员往往会情绪激动，有经验的评估师在这个时候往往采用少说多听的办法，给员工申诉或宣泄的机会，尽量减少或缓解绩效评估中容易出现的矛盾和问题。问题解决型面谈法也要求评估师设身处地地为被评估人着想，仔细倾听员工的真实感受，但其主要目的是通过评估面谈从根本上解决被评估人工作绩效不佳的问题。例如，有的性格内向的员工，尽管已经在工作中尽力了，但因其性格的原因很难在销售工作中打开局面，在这种情况下，适宜建议员工更换工作岗位，到与客人打交道较少的其他部门工作。不难看出这样的评估属于发展性评估，其宗旨在于帮助员工更好地了解和认识自己，并且在工作中找到适合自身发展的工作岗位。这样，员工的工作绩效提升的可能性便增大了，进而对组织的工作绩效也会产生积极的影响。需要说明的是，在实际工作中往往不能只单纯运用某一种方法，应当视情况对面谈方法加以灵活地运用。

为了达到面谈的目的，评估人员在与被评估人员的交谈中需要注意以下事项：谈话内容要客观而具体；不要绕弯子；少批评，多鼓励；鼓励员工多说话；聚焦问题的解决方案；确立新的评估目标；加强面谈后的后续工作。

4. 绩效评估中的问题

实践表明，绩效评估并非易事。有调查显示，有 70% 的雇员表示业绩评估并不能让他们清楚管理层对他们的期望是什么，只有 10% 的员工认为业绩评估是成功的，更多的员工觉得业绩评估反而让他们对工作的目标更模糊了。另有调查显示，51% 的企业觉得现有的评估系统对企业没有价值或价值极小。为什么会出现这样的现象呢？一方面，是由于绩效评估本身的难度并非常人想象的那样，只是上级领导给下级打分而已；另一方面，在绩效考核中，一个微小的失误都有可能导致人力资源管理中出现明显的不良后果。

绩效评估出现这样或那样的问题在所难免，关键是如何避免可能出现的问题。为此，可以从以下三个方面着手，减少人力资源评估带来的偏差。

其一，对人力资源评估中容易出现的问题首先要有全面的了解，这是防患于未然的不可缺少的步骤之一。

其二，制作或选择恰当的绩效评估工具。众所周知，没有放之四海而皆准的评估工具或标准，只有经过实践反复验证的、适合评估目的和情形的工具，才能最大限度地保证评估的客观性和公正性。

其三，在进行评估之前要对评估人员进行专题培训，使他们在评估业务上精通，并且在思想上与组织所期望的境界尽量吻合。

当然，除此之外还有很多因素值得我们注意，如员工的参与度和领导的支持度都是人力资源评估工作能取得预期效果的必要条件。

第五章

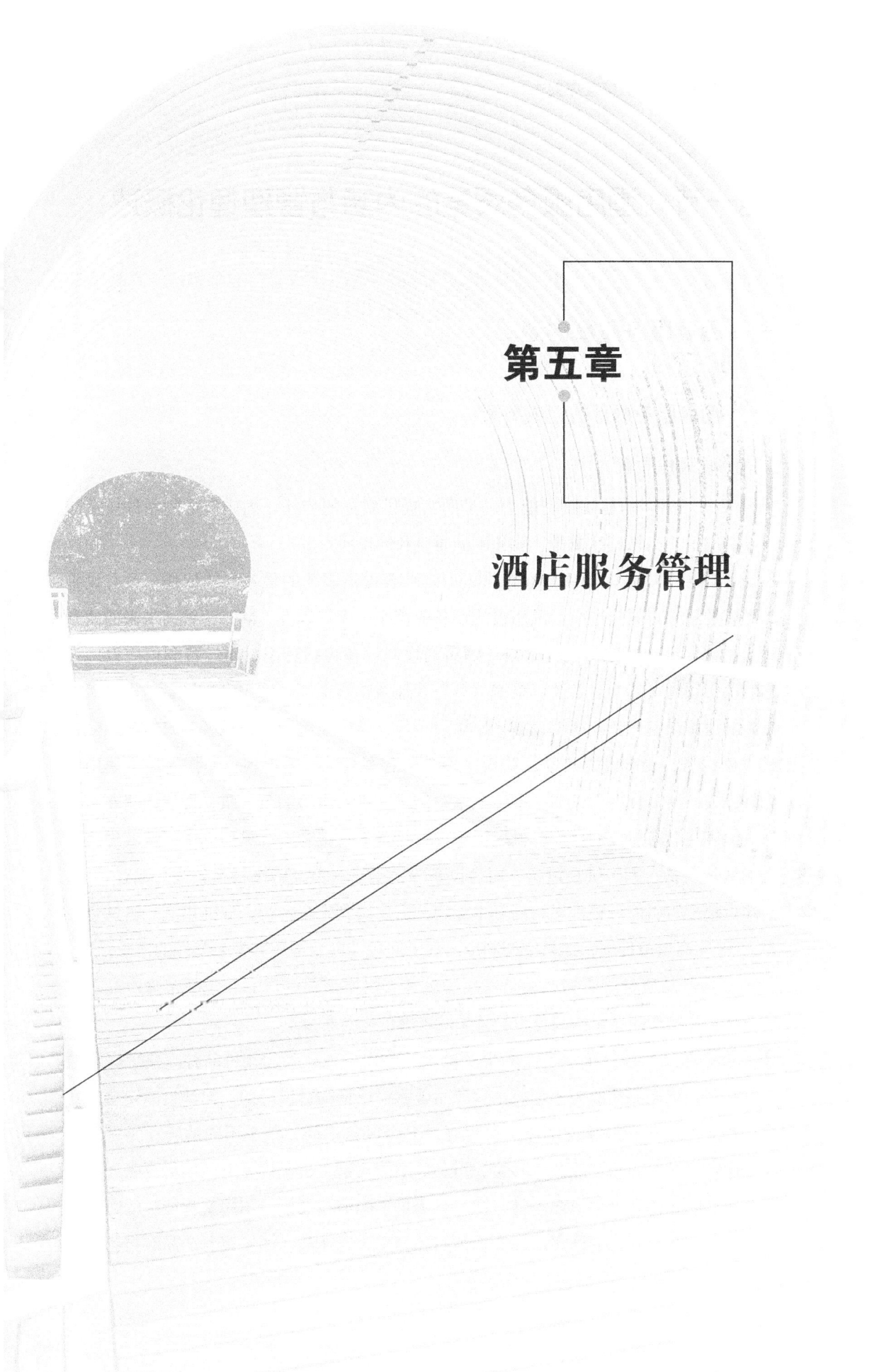

酒店服务管理

第一节　酒店服务质量的内涵与管理理论概述

一、酒店服务质量内涵

(一)酒店服务质量的构成要素

1. 有形的硬件质量

硬件反映了酒店的整体接待能力,是酒店提供服务的依托。酒店有形的硬件质量包括设施设备质量、实物产品质量、服务用品质量和环境质量。

(1)设施设备质量。酒店的设施是酒店向顾客提供服务的最基本的依托,没有设施设备,酒店的服务将无法进行。酒店设施设备的档次、完好程度不同,给顾客带来的便利和心理上的满足感也不同。具体来讲,酒店的设施设备包括客用设施设备和供应设施设备。它们都必须通过选购、安装、维修保养等管理活动来保证。客用设施设备是指直接供顾客使用的设施设备,例如客房设施、康乐设施等,这类设施设备是顾客频繁接触和使用的基础设施设备,要求设置科学,结构合理;配套齐全,舒适美观;操作简单,使用安全;完好无损,性能良好。试想一下,如果一位顾客进入客房的第一眼,发现床腿断了一个,那么顾客将会有怎样的反应?供应设施设备是指不直接和顾客见面的生产性的设施设备,例如锅炉设备、制冷供暖设备、厨房设备等,虽然这类设施设备不直接与顾客接触,但它们却是整个酒店能够正常运行的基本保障,需要做到安全运行,保证供应。再试想一下,夏天38度高温条件下,如果空调制冷出现了问题,又会给顾客带来怎样的体验?

(2)实物产品质量。实物产品是直接满足客人物质需要的产品,包括菜食产品、客用品和商品,实物产品质量的高低也直接影响顾客的满意程度。

①菜食产品质量包括菜食产品的生产质量、菜食特色和菜食花色品种。要想保证菜食产品的质量,首先要从源头上把控菜食产品采购,严格筛选供应商,保证食品安全;其次菜食产品要有特色,有条件的酒店可以开设多个风格不同、菜系不同的餐厅供顾客选择,比如设置中餐、西餐、湘菜、粤菜、川菜等不同菜系,甚至设置专门的清真餐厅;此外,菜食产品的花色和品种也要丰富多样,以满足不同消费层次、不同文化层次的顾客需要。在自媒体盛行的时代,许多顾客喜欢拍照和分享用餐体验,如果菜食产品有自己的特

色，哪怕只是在造型上有独特的吸引力，也能借助用餐顾客的网络分享吸引更多的潜在顾客到店体验。

②客用品质量。客用品主要是指酒店提供给客人的各种生活用品，包括房间的牙刷、牙膏，餐厅的菜肴、瓷器，酒店的餐车、行李车等，这些产品的档次直接决定着客人消费的满足感，如闻名遐迩的迪拜七星卓美亚帆船酒店提供的洗漱用品，都是奢侈品牌的正装产品；迪士尼酒店提供的餐具，都印有迪士尼卡通人物形象。因此，客用品的质量必须与酒店星级档次相匹配，数量要充足，方便使用、舒适度高。

（3）服务用品质量。服务用品是指酒店为提供相应服务必须使用到的服务物品，服务员借助这些物品才能为客人提供优质的服务，如餐厅中使用到的餐盘、餐具、托盘等，客房中使用到的清洁车、清洁剂、吸尘器等。有的智慧餐厅，采用机器人送餐、配餐和收餐盘，科技感十足，不仅提高了服务效率，也给顾客带来了新鲜体验，有利于提高顾客满意度。

（4）环境质量。酒店的环境质量主要是指酒店的环境氛围能够给客人带来的感官和心理上的满足感，包括豪华的装修环境、清新的室内空气、美妙的室内音乐、职业的员工形象等，这些都能够给客人带来美好的体验。比如秋冬时节，雾霾天气频繁出现，如果酒店配有空气净化器或者新风系统，将会大大提高顾客对酒店服务质量的认可。

2. 无形的软件服务

无形的软件服务主要是指酒店服务人员在对客服务过程之中表现出来的行为方式，主要包括服务项目、服务态度、服务效率、服务方式、服务技巧、服务时机、礼仪礼貌、清洁卫生和信息沟通，这些对客人的住店感受至关重要。

（1）服务项目。服务项目是为满足客人的需要而规定的服务范围和数量。酒店服务项目大致可分为两类：一类是基本服务项目，即在服务指南中明确规定的、对每个客人都要提供的服务项目，比如做床服务、打扫房间服务等；另一类是附加服务项目，由客人即时提出、不是每个客人都需要的服务项目，比如有些客人会让提供儿童拖鞋、儿童牙刷，有些客人喜欢偏硬的荞麦壳枕头，需要酒店提供相应的附加服务。

（2）服务态度。服务态度是提高服务质量的基础。在酒店服务实践中，良好的服务态度表现为热情服务、主动服务、周到服务甚至超前服务。如果酒店服务人员的服务态度被顾客接受，得到了顾客的认可，即使在服务过程中有些过失，顾客也会选择原谅。

（3）服务效率。企业服务效率是指企业服务资源投入与企业服务效果产出的比率以及企业服务资源分配的有效性。具体到酒店来讲，体现在以下三方面：一是用工时定额来表示的固定服务效率,比如打扫一间客房30分钟,餐厅宴会摆台15分钟等;二是用时限来表示的服务效率,比如检查退房不超过3分钟,接听电话铃响不超过3声等;三是有时间概念,但没有明确的时限规定,是靠客人的感觉来衡量的服务效率,比如房间水龙头坏了,修理工人多久能上门维修等。

（4）服务方式。服务方式是指酒店采用什么方法和形式为客人提供服务,其核心是如何方便客人,使客人感到舒适、安全和方便。服务方式随酒店服务项目而变化,不同酒店的服务方式有所不同,比如高星级酒店与经济型酒店在设施设备、服务项目、人员配置上有很大差异,相应地在预订方式、接待方式、餐厅销售方式等方面也会有较大的不同。但是无论哪种类型的酒店,都要根据顾客的实际需求提供配套的服务方式,并以提高服务质量为根本出发点。

（5）服务技巧。服务技巧是提高服务质量的技术保证,它决取于服务人员的技术知识掌握程度和专业技术水平高低。它决定了员工能否在不同场合、不同时间、针对不同对象服务时,根据具体情况而灵活恰当运用一定的操作方法和作业技能,以取得最佳的服务效果。尤其是高星级酒店,服务项目较多,许多项目都需要有专业的操作技能,员工的专业素养就显得特别重要,比如行政酒廊的服务人员需要对酒的种类、特点和适应人群有基本的了解,这样才能更好地服务顾客;咖啡厅的服务人员需要具备咖啡相关的知识,才能向顾客准确地讲解和推荐。

（6）服务时机。服务时机是指在什么时候提供服务,它可以指某个服务项目的营业时间,也可以指某一个服务行为的提供时间。选择合适的服务时机要依据客人在酒店的活动规律和消费心理特点,有针对性地向客人提供服务。比如,入住登记时,要根据客人的具体情况适当调整速度和变通技巧,如果客人是只身一人办理入住,且还有很多问题咨询服务人员,证明他不是那么着急入住,如果后面等待的客人不多,就可以适当地多跟顾客沟通;如果是带着老人孩子,舟车劳累一脸疲惫,那么一定要抓紧时间、提高效率,不要产生过多的闲谈,让这一家人尽快入住。

（7）礼仪礼貌。酒店服务是一种面对面的服务,因而服务员的礼仪礼貌直接影响酒店的服务质量。礼仪礼貌是以一定形式通过信息传输向对方表示尊重、谦虚、欢迎、友好的一种方式,它反映了一个酒店的精神文明和文化修养,体现了酒店员工对客人的基本态度,主要表现在个人形象、态度、礼仪、服务方式、语言谈吐和行为动作上。不同风格、不同文化的酒店在礼仪礼貌的呈现方式上有所不同,比如制度型文化酒店表现出来更多的是效率和标准化的礼仪,历史传统型酒店则更注重将酒店文化和历史底蕴融入礼仪规范当中,主题酒店则会从服务人员的衣着上面,突出酒店的主题元素。

（8）清洁卫生。酒店的清洁卫生体现了酒店的管理水平，也是服务质量的重要内容。无论是完全服务型酒店还是有限服务型酒店，卫生清洁对客人来讲都是最基本的要求。酒店的清洁卫生涵盖的面非常广，不仅仅包括直接面客部门，如餐厅、客房、大堂等公共区域，还包括非直接面客部门，如厨房、洗衣房等。此外，客用品、食品、饮料、个人卫生方面，也是客人十分看重的。这里还要强调一点，对于客房的死角，比如窗台、灯罩、墙壁等地方的清洁卫生是最容易被忽视的，一定要多加注意。

（二）酒店服务质量的特点

1. 酒店服务质量的不可逆性

酒店服务和商品销售不一样，它的不可分离性决定了酒店服务质量的不可逆性。酒店服务的生产、销售和消费是同时进行的，消费者产生需求时，就享受了产品和服务，这意味着在销售结束时，服务也随之结束，因此酒店很难进行事前控制和事后检验，即使在消费者消费的过程中出现了严重的过失，也难以进行补救。

2. 对服务人员素质的依赖性

酒店的服务过程完全依赖于服务人员进行，消费者在酒店消费时，消费和服务是同时进行的，在这个过程中，消费者需要不断和服务人员进行交流，服务人员的态度、素养、职业水平、知识水平等都会影响消费者对酒店的评价。此外，由于消费者并不清楚一个服务人员应该具备的所有服务技能，所以评价大多基于自我情感的满足程度，感性起到了决定性作用。因此，在某种程度上，酒店服务人员素质的重要程度更甚于酒店设施。

3. 酒店服务质量难以量化

服务是一种特殊的商品，和有形商品不同，消费者在买到服务之前不能通过穿戴、品尝等来进行体验，也不能像有形商品一样获得普遍认同的评价。由于酒店的服务质量与服务人员和服务环境具有正相关的关系，加上消费者对服务的感知带有非常浓厚的主观色彩，所以同一个酒店的服务，可能有的消费者非常认可，给予满分的高评价，而有些顾客则不对其胃口，甚至给出差评。即使是获得美国最高质量奖的丽思·卡尔顿酒店，其顾客满意率也只有97%，其总经理坦言，酒店服务质量难以量化，众口难调，100%的顾客满意率是不可能的。

4. 影响酒店服务质量的因素具有很强的关联性

酒店服务质量是由很多具体内容和劳务活动构成的。在提供服务的过程中，通常需要若干部门通力合作，任何一个部门出现问题都会影响整个经营过程的进度。酒店的规模越大,服务活动之间的联系就越广泛。如果生产、销售、服务不同步协调,酒店的营运就会失常,从而影响酒店的形象和收益。酒店的运营就好比是一条珍珠项链,只有每颗珍珠都闪闪发光,整条项链才会光彩夺目。

5. 酒店服务质量构成的情感性

正如格罗鲁斯的顾客感知服务质量模型中描述的一样,企业形象对顾客服务质量起着至关重要的作用,酒店服务也不例外。从事服务行业,尤其是酒店服务,不论制度多么完善,执行多么到位,员工多么努力,一些细小的失误总是不可避免的。酒店只能千方百计地想办法降低失误的次数和影响,尽力提升酒店服务质量,督促员工主动、热情、耐心、周到地为客人提供优质服务,把和谐友好的客户关系建立在平时,这样即使偶尔出现一些小失误,客人也能够理解和原谅。

二、酒店服务质量管理的理论基础

酒店服务质量管理的理论基础包括需求层次理论、顾客期望理论、顾客满意理论、系统组织理论、学习型组织理论、信息管理理论等。本书重点介绍其中两个从顾客角度出发的理论。

(一)顾客期望理论

1. 顾客期望概念的界定

许多学者进行了大量的研究来界定顾客期望的概念,本书列举几个学术界公认的典型概念。

由卡多佐奥尔舍夫斯基、米勒和安德森所进行的三项研究基本上奠定了顾客满意问题研究的基础。他们通过对产品期望与实际使用效果进行比较,得出如下结论:如果比较的结果是正值,那么对绩效的评价就较高,反之则低。安德森也认为,高期望通常会提高顾客对产品的评价。

斯旺和康姆斯被认为是首先利用比较标准对顾客满意问题进行研究的学者。他们采用直接的标准度量顾客满意程度。与其他学者不同的是,他们采用了关键事件技术方法。通过问卷调查,询问顾客产品实际效果与他们期望的相比较如何,最后得出的结论与前面的学者并无差异,即如果实际效果(感知)超过顾客期望,则顾客满意,反之则不满意。

PZB研究组合于1993年首次对顾客期望予以了较为明确的界定:顾客在购买产品或服务前所具有的信念或观念,顾客将其作为一种标准或参照系,把它与实际绩效进行比较，从而形成顾客对产品（或服务）质量的判断。这是一个较为权威，也基本上被学者们所接受的定义。顾客的期望不是一个单一的变量，而是一个区域，这个区域被三位学者称为容忍域。在容忍域内，顾客对服务有几种不同水平的期望，由低到高分别为：最低容忍期望、可接受的期望、基于经验的服务、规范化服务、完美的服务。

以入住酒店为例，假如顾客提前通过网络预定了一晚标准间，办理入住时，由于当天收客不满，前台服务人员主动为其升级到豪华套间，此时，不仅顾客的适当期望得到了充分满足，甚至达到了顾客的理想期望，顾客会表现得非常满意或者惊喜。然而，如果顾客曾有过这样的消费经历，等下次入住酒店的时候，他的适当期望就会被提高，假如酒店当天入住率很高，享受不到免费升级服务，那么他也不会产生不满，适当期望依然得到了满足，但是他的感受仅仅是没有不满意，或者满意。

2. 影响顾客期望的因素

顾客期望的形成受到多方面因素的影响，各因素影响顾客期望的途径和机制是不一样的，其影响程度也会有较大差异。对于一个理性的服务消费者来说，其服务消费的购买决策过程是一个复杂的心理过程。服务消费决策是指服务消费者在购买服务前后所产生的心理活动，最终做出的决策是服务购买动机和影响服务消费者决策的外界因素在其思维中不断博弈、综合、权衡后妥协的结果。在实际服务消费决策时，服务消费者面临着一个复杂的信息世界，大量的信息从不同角度影响着服务消费者，有正确的，也有错误的；同时也存在着购买服务的风险，有的风险大，有的风险小。所以顾客需要简明扼要的信息，以决定在什么地方购买服务、接受什么样的服务、接受谁的服务。这时候，服务消费者的顾客期望的形成或改变取决于顾客所有能够得到的有关企业及其产品或服务的信息。这些信息来源于过去使用服务的体验，企业宣传的信息，从朋友、竞争者以及第三方评价机构等渠道了解到的信息等。综合专家学者对影响顾客满意度的因素进行分析，认为有以下六个影响因素。

（1）顾客动机。马斯洛的需要层次论认为，购买动机源于个体未满足的需求，而期望是对动机所诱发的相关行为的预期。按照"需求—动机—期望—行为"这一路径，我们可以发现，顾客的个人需要是其消费动机和消费行为产生的基本诱因，是内因，一般而言，顾客的个人需要越强烈，对服务质量的期望值就越大。

（2）顾客消费经历。顾客消费经历对顾客期望的影响是潜在的。没有相似消费经历的顾客，在实际购买和体验中由于没有参考标准，顾客期望不稳定；而那些有过消费经历的顾客，顾客期望就会很明确。比如一位经常出入五星级酒店的商务顾客，他的消费经历会让他在选择酒店时经验更丰富,对酒店也更挑剔。顾客的服务质量期望随其经验水平的变化而变化,经验越丰富的顾客抱有越高的服务质量期望。

(3)企业形象。企业形象已经在顾客总感知服务质量模型中进行了详细的阐述,这里主要强调顾客对企业形象的感知,它是通过企业的各种营销活动、服务价格和顾客口碑宣传共同作用下形成的市场印象,将从多方面影响顾客期望。广告、公共宣传、人员推销、公共关系等营销活动对企业形象的影响最为直接,尤其是对于还未在本酒店消费过的顾客来说,影响更为直接;随着信息技术的快速发展,顾客越来越愿意分享自己的消费经历,口碑对顾客期望的影响越来越大,因为未消费过的顾客更愿意选择相信身边朋友和优质点评网友提供的信息;价格常常是顾客做出购买决策、确定期望、评估服务质量的依据,也是酒店服务品质和服务能力的体现。一般来说,顾客的服务质量期望与价格成正比。价格越高,顾客对服务质量的期望越大,反之亦然。同时,顾客对价格的高低也有一个接受区间,如果价格高出顾客能接受的区间上限,其消费欲望会受到抑制甚至中止购买行为;如果价格低得让顾客难以置信,顾客会因此怀疑服务的质量而不敢购买。

(4)竞争状况。迈克尔·波特在五力竞争模型中提出,已有行业、潜在入侵者、提供替代产品或服务的企业等,都会导致市场竞争状况发生变化。在产品日益趋同化、竞争日趋白热化的酒店市场,如果酒店不能继续满足顾客已经形成的期望,理性的顾客就会转向更有竞争优势的替代酒店,寻求等同或更大的价值收益。

(5)顾客的参与意识。酒店服务的一大特点是生产与消费的不可分离性,服务行为的完成以及服务质量的实现需要顾客的参与和配合,因此,顾客角色意识的强弱将直接或间接地影响其服务质量期望水平。如果顾客对自己在消费体验过程中的角色定位认识不清,那他们往往会将实现服务质量的期望全部寄托在酒店和员工身上。

(6)服务中的偶然因素。服务中的偶然因素是暂时性影响顾客服务质量期望的因素。如果酒店在服务过程中出现质量问题,顾客要求补救性服务的愿望增强,对尚能接受的服务质量的期望水平提高,其容忍区间缩小。如果顾客需要紧急服务,其期望值也会明显提高。如果服务现场需要提供服务的顾客很多,等待服务难以避免时,顾客的期望值则可能降低。

3. 顾客期望与顾客服务质量感知的关系

服务质量不仅取决于企业提供的产品和服务的功能质量和技术质量,还取决于顾客感知与顾客期望之间的对比。正如 PZB 顾客期望模型里描述的那样,顾客在接触服务之前,对服务有个期望,而在接受服务之后会对服务质量产生实际感知,并把这种服务感知和期望之间的差异分成以下三种类型。

如果顾客实际感知到的服务 P 符合其期望的服务 E，即 P=E，顾客就会感到满意，这就是良好的服务质量；

如果顾客实际感知到的服务 P 高于期望的服务 E，即 P>E，顾客就会感到非常满意甚至惊喜，这就是卓越的服务质量；

如果顾客实际感知到的服务 P 不如期望的服务 E，即 P<E，顾客就会产生不满，这就是不良的服务质量。

也就是说，服务质量如何与顾客的期望与感知之间的差距密切相关，差距（P-E）越大，顾客感知的服务质量就越差；超越（P-E）越多，顾客感知的服务质量就越好。研究已经证实，顾客对于服务过程质量的看法主要取决于实际的结果（以及服务方式）与顾客期望之间的关系，这对于服务提供者而言，产生了比较深远的影响。它表明服务质量是相对的，不是绝对的。它是由顾客决定的，而不是由服务提供者决定的。它随顾客不同而不同。酒店通过达到或者超过顾客的期望或者采取措施来控制这些期望，可以提高服务质量。

（二）顾客满意理论

1. 顾客满意理论的相关概念

（1）顾客满意度的定义。在对顾客满意度（Customer Satisfaction Degree，简称 CSD）的研究中，学者们的观点可分为两种：一种观点以 Czepiel&Rosenberg（1974）为代表，认为顾客满意度是一个整体性的概念，是顾客对产品不同属性主观认识的总和。因此可以用单一项目来衡量，以"整体产品满意度"（Overan Satisfaction）作为顾客满意度的衡量指标；另一种观点以 Handy&Pfaff（1975）为代表，认为顾客满意度是由各个不同的构面所组成，因此除了要衡量顾客对产品的"整体产品满意程度"外，也要衡量顾客对产品各个属性的满意程度。顾客满意度是一种量化指标，是在顾客消费体验之后，对消费对象和消费过程整体上的主观感受与消费前的期望相比较的结果，是一种主观的情感反映。对于企业来说，顾客满意度可以用来判断产品和服务质量的高低，帮助酒店发现需要改进的方面。

（2）顾客满意指数。顾客满意指数（Customer Satisfaction Index，简称 CSI）是近年来世界上一些发达国家和地区正在积极研究和采用的一种新的衡量宏观经济状况的指标，是一项主要用来测量顾客对产品或服务满意程度的质量指标。CSD 与 CSI 的区别在于 CSD 测量的是顾客直接对某品牌服务的满意程度，而 CSI 是对各种类型和各个层次具有代表性服务的顾客满意程度的综合评价指数，反映了顾客对产品或服务满足自身程度的总体态度。

2. 顾客满意度调查

顾客满意度理论在国内酒店中的应用主要在改进酒店服务质量上。根据酒店的业务目标，针对酒店顾客关注的问题，通过对顾客满意程度的测量与评价，掌握顾客的需求与期望，从而改进酒店的服务质量。在我国，酒店多采用宾客满意度调查问卷的形式对酒店顾客满意度进行调查，这种方式不仅是我国酒店星级评定标准中所明确要求的，也是一种操作简单、易于推行的方式。然而在实际运行过程中，很多酒店采用的方式仅仅是在餐厅或者客房发放一些调查问卷，了解顾客对现有产品的满意程度，得分高就认为顾客满意，得分低就认为不满意，甚至有些酒店为了应付星级检查，走过场，为了完成任务去发放宾客调查问卷，最终流于形式。

第一个问题，调查目的不明确。以前，酒店进行顾客满意度调查的目的是为了了解酒店在现有产品和服务方面的不足，从而加以改进，力求比竞争对手做得更好。然而，随着酒店经营环境的急剧变化，市场呈现出供给过剩、顾客期望持续变化等现象，酒店应该把探寻顾客满意的基点转移到了解顾客需求和期望的变化、对服务的质量感知和价值感知以及如何为顾客创造更多他们所需要的价值等方面。因此，顾客满意度调查中首先必须明确调查目的，这样顾客才能更准确地填写问卷，更好地配合酒店完成调查。

第二个问题，调查问卷内容陈旧。据调查发现，很多酒店使用的调查问卷仍然是2007年星级标准中的宾客意见调查表，根本无法了解到宾客的最新需求。比如，在无线网络这么发达的时代，一些酒店的问卷调查表里竟然还在关注网线的使用方便程度。

第二个问题，调查结果利用不充分。每个酒店方法类似，得到的信息也相似，所以许多决策者对调查结果持怀疑态度，往往只是做了调查，并没有好好回收，更别说对回收结果进行统计了。如果不对问卷调查结果进行统计分析，找出问题，及时改正并提高服务质量，问卷调查就失去了意义。

第二节 酒店服务质量管理体系的建立与标准

一、酒店服务质量管理体系概述

（一）酒店服务质量管理体系的含义

酒店服务质量管理体系是在质量方面指挥和控制酒店的管理体系，是与实施酒店服务质量管理有关的组织结构、过程、程序等方面的一系列制度安排，也是酒店建立的一套内部质量管理体系。该体系是一个动态的管理机制，通过循环往复地运行，提高酒店的服务质量。

（二）酒店服务质量管理体系的特征

1. 客观性

酒店无论规模大小、级别高低，只要能够正常运营，能为顾客提供基本的住宿等酒店服务，那么该酒店就一定客观存在着一个质量体系。这个体系或许是针对某个部门或者某个岗位的工作守则或者岗位职责，比如《酒店餐饮部管理工作职责划分说明》《客房送茶服务工作细节描述》《客人损坏酒店财物处理工作细节描述》等具体的文件；也可以是针对不同的服务过程和产品，这些过程或产品各自的要求有所不同。因此，任何一个正常运营的酒店都客观存在着一个酒店服务质量管理体系。

2. 全面性

酒店服务质量管理体系应涵盖保证酒店服务质量的所有内容，一切与质量相关的、需要酒店解决的问题都要在其框架下有所体现，服务质量管理体系起到有效指导监督的作用。因此，服务质量管理体系也是酒店有效开展质量管理的核心。

3. 适用性

每个酒店都有自己的特色，即使 A 酒店在酒店服务质量管理方面做得非常出色，B 酒店也不能照搬照抄 A 酒店的管理体系，因为两个酒店的规模、运营方式、追求的质量目标以及所处的生命周期可能都不同，因此，酒店必须根据自身的品牌定位和市场定位，建立与自身情况相适应的服务质量管理体系。

4. 相容性

酒店服务质量管理体系的相容性是指酒店服务质量管理体系与其他管理体系的相容，这种相容性体现在两个方面：一是内部相容性，即酒店服务质量管理体系不能背离酒店整体战略规划，不能与其他部门制定的体系、规划发生冲突。二是外部相容性，即酒店服务质量管理体系不能与国际、国内公认的质量认证体系标准相违背。比如许多酒店既要通过星级评定，又要通过 ISO9001 质量管理认证体系的认证，甚至还要申请 ISO14001 环境质量管理认证体系的认证，这些管理体系都对酒店各方面的服务和管理工作提出了要求，所以酒店在设计时应注意保证体系之间要求的一致性。

5. 动态性

酒店服务质量管理体系是一个不断改进的动态体系。在科技、经济高速发展的今天，人们的收入水平和生活品位在不断提高，企业所处的内外环境一定是在不断变化的，一成不变的酒店服务质量管理体系不能适应现在社会的发展。因此，酒店要随着客观条件的改变和企业的发展，对质量体系进行相应的更新，从而使其产品、服务过程满足不断变化的市场需要。酒店服务质量管理体系能够预防问题的发生，也能够彻底解决已出现的问题，更能够及时发现和解决新出现的问题。通过这一动态管理机制循环往复地运行，持续提高酒店的服务质量。

6. 经济性

经济性也是酒店服务质量管理体系的一个显著特征。正如上文对质量特性的描述一样，酒店不能一味地追求高质量和卓越服务，而忽视了成本和费用的支出，因为实现这种优质服务所支付的成本最终还是要由顾客去承担。因此，酒店在构建质量体系时，要结合自身的实际情况，在满足顾客需要的同时，尽量降低顾客成本的增加，追求最大的顾客价值。

（三）酒店服务质量管理体系架构

1. 组织体系

组织体系是酒店开始构建和运行服务质量体系的基础，组织体系一般分为三个层级，酒店质量管理委员会、酒店各部门质量管理小组、酒店各班组质量管理小组。

（1）酒店质量管理委员会。为了切实有效地指导酒店服务质量管理，使酒店的质量能达到统一的品质，酒店成立"酒店质量管理委员会"。质量管理委员会负责全面指导酒店日常的质量管理工作，并有专人对酒店的环境、设施设备、服务项目及服务水平进行检查。

酒店质量管理委员会由酒店领导、部门经理、班组长和专职人员组成。每季（月）度召开质量管理分析会，编发《酒店质量分析报告》，确定酒店的质量目标，审视酒店质量管理的效果，确定酒店质量的控制措施，完善《服务质量评审细则》，评审和检查酒店服务质量情况，督导酒店服务质量的提高，以达到管理公司所制订的质量标准，并组织群众性的质量管理活动。

（2）酒店各部门质量管理小组。酒店各部门质量检查小组由酒店质检经理、各部门质检员组成，组长由人力资源部质检经理担任。各部门质管小组在酒店质量管理委员会的指导下展开全面质量管理工作。

（3）酒店各班组质量管理小组。酒店部门和班组根据部门的管理要求，建立班组质量管理小组，并在酒店部门质管小组的指导下展开工作。

2. 监控体系

质量监控是质量管理的一部分，要致力于满足质量标准的要求。它是通过实施服务质量体系的每个环节来控制其活动的全过程，以促使服务质量达标并预防不合格服务发生的重要措施。

酒店的质量监控体系一般包含以下两个方面。

（1）酒店的七级质量控制体系

①总经理的重点检查。总经理作为企业的高层领导，参与制定和构建企业总体战略、经营战略和质量管理体系，能从宏观上、整体上对酒店服务质量进行把控。总经理的检查次数没有那么频繁，但是能起到根本的指导作用，是不可或缺的。

②值班经理的全面检查。值班经理作为酒店当日服务质量的总负责人，履行服务质量管理的职责，检查重点内容在次日早会上通报。

③部门经理的日常检查。部门经理对自己所辖范围内的各项工作质量负有直接的管理责任，各项检查必须制度化、表单化。

④质检人员的每日检查。质检人员除了日常检查、掌握酒店质量状况外，还应在专项检查、动态检查上下功夫，寻找典型案例，发现深层问题，体现专业水平。

⑤全体员工的自我检查。基于全面质量管理理论，酒店必须培养员工的自我检查意识和习惯，并采取行之有效的形式和方法激发全体员工参与质量管理的积极性。质量关乎所有人，任何一位员工都是责任主体。

⑥保安人员的夜间巡查。夜间往往是酒店安全和质量问题的多发期，保安部的夜间巡查要求与内容要形成质检日报，第二天发送至总经理和人力资源部。

⑦客人的最终检查。只有客人认可的服务，才是最有价值的服务。其途径一是填写宾客拜访表；二是大堂经理、值班经理每日记录归纳客人对于服务质量的有效意见；三是不定时地邀请客人暗访，对整个酒店或某个服务区域进行客观、实事求是的评价。

（2）质量管理委员会对酒店服务质量的监督。酒店质量管埋委员会应发挥其专业性强、组织性强的优势，对酒店开展检查与评估，主要包括以下几种形式。

①质量检查活动。酒店质量管理委员会成员以及邀请的专业人员，平均每人每年对酒店进行至少3次检查和评估。

②暗访。酒店每年至少进行一次暗访。暗访必须邀请专业人士，使用重要宾客意见征求表出具暗访报告，按照《酒店产品最低标准》检查并出具评分报告。

③质量保证的全面检查。由质量保证代表对酒店进行全面检查，质量保证代表在进

行检查时，依据《酒店客户管理考核标准》或者《酒店服务质量评审细则》由驻店经理或营运总监陪伴进行评估工作。这样做的目的也很明显，就是共同发现缺陷，真正了解哪些方面需要改进。

3. 信息分析反馈体系

质量评价与分析是发现问题、总结规律、实现预先控制的有效手段。如果没有信息分析和反馈，那么前面各种检查和监控工作的成果都将付诸东流。酒店的信息反馈体系包含以下几方面的内容。

（1）质量信息录入制度。各部门对当日发生的质量事故、服务案例、安全巡检及质量情况必须于次日中午 12:00 之前录入电脑，并反馈到人力资源部。未能及时录入信息的部门要接受处罚。

（2）大堂经理日报表。由大堂经理完整、详细地记录在值班期间所发生和处理的任何事项，将一些特殊的、重要的和具有普遍意义的内容整理成文，并在当班期间录入电脑发至所有部门。大堂经理日报的记录均要及时归档。

（3）分析报告制度。质检小组每月对发生的质量问题进行汇总统计、分类解析、定量说明，并形成质量分析报告。

（4）典型案例通报制度。对具有典型意义的事件应进行核实调查，并制作成典型案例通报全酒店。

（5）质量分析会制度。每月召开质量分析专题会。

（6）质量档案管理制度。质量档案是酒店改善服务、提高管理水平的一项重要的基础工作，由质量检查部门负责。

（7）部门、班组应建立和完善档案管理制度，实行专人专管和定期检查制度，酒店也要不定期对各个部门档案进行检查。

4. 反馈和改进

总结本酒店服务质量的优势和劣势、存在的机会和问题，可以借助 SWOT 分析法进行分析并采取有效措施解决问题，保证酒店服务质量的持续改进。

酒店服务质量管理体系能够平稳有效地运行，靠的是组织体系提供保障，监控体系实施监督并及时发现问题，再由信息分析反馈体系找出导致问题的原因并提出整改措施，是三个体系相互配合、共同努力的结果。

（四）酒店服务质量管理体系的作用

质量是酒店经营管理的生命线，如何加强酒店质量管理，增强酒店的核心竞争力，提高酒店的知名度和美誉度，是许多酒店管理者和业内人士一直在研究和探讨的话题。随着近几年质量管理体系在各类企业的广泛应用，酒店行业的管理者也意识到了建立健全酒店服务质量管理体系对酒店发展的重要作用。酒店服务质量管理体系的作用主要体现在以下几方面。

1. 有利于提高酒店硬软件服务质量

酒店服务的综合性必然使得酒店产品的质量也具有综合性，酒店服务质量最终取决于酒店各个部门之间能否密切配合和高度协调。酒店服务质量管理体系能够帮助酒店各部门之间做好协调工作，有共同提高酒店硬软件服务质量，更好地满足顾客需要。

2. 有利于凝聚员工士气

酒店服务质量管理体系要求人人参与，全员培训，这对于提高员工素质、鼓舞员工士气、增强内部团结和凝聚力非常有帮助。在建立和实施产品和体系认证过程中有大量的工作及问题需要解决，因此需要一个强有力的领导机构、一支强有力的骨干工作队伍和一群具有较高质量意识的员工共同配合，才能有效、有条不紊地完成各项工作。

3. 有利于酒店持续改进

酒店服务质量管理体系是一个动态的不断自我完善的系统，要根据市场需求变化进行服务创新，努力使现有的服务质量保持稳定并不断改善，起到减少客户投诉、增加顾客满意度和忠诚度、吸引新客户的作用。通过酒店服务质量管理体系和一定的工作流程，对影响酒店服务质量的关键因素进行持续的过程控制和不断改进，使这些因素朝着有利于酒店服务质量提高的方向发展，从而保证和不断提高酒店的服务质量。

二、酒店服务质量管理体系的建立

（一）建立酒店服务质量管理体系的原则

酒店服务质量管理体系是一个复杂的系统，需要遵循以下原则来建立。

1. 目标适应性原则

目标适应性原则是指酒店服务质量管理体系必须以保证和提高酒店服务质量为目标，要结合酒店内部管理实际并适应国家政治、经济、科技、文化的现实基础和发展需要来建立。同时，要充分预见社会发展前景，主动适应社会发展趋势，并进行有效计划、组织和控制，明确达成质量每一环节的具体目标，让参与服务质量管理的所有人员都了解和掌握，使所有人员都能以目标为导向，自觉朝目标努力，使酒店服务质量管理工作落实到每个经营环节之中。

2. 系统开放性原则

酒店服务质量管理不仅由酒店自己来履行，国家、社会都会对酒店服务质量管理过程进行不同程度的干预。从系统的角度讲，酒店只有不断地与国家、社会进行能量交换，才能保持系统本身的活力。事实上，正是由于外部力量的介入，才促成了酒店内部组织的质量管理活动。因此，酒店服务质量管理必须坚持系统开放性原则，通过外界干预和社会评价来促进酒店内部质量控制管理活动的开展和深化，从而达到不断提高酒店服务质量的目的。

3. 过程全面性原则

要保证质量就必须从酒店服务质量形成的源头抓起，对整个形成过程进行管理，而全过程质量监控则是必然要走的途径。其具体要求包括以下三方面：一是质量管理要着眼于酒店的全面发展，要服从酒店发展的整体目标，要将酒店服务体系的所有要素纳入质量管理体系之中；二是全员参与是酒店服务管理取得成功的必然要求；三是要全过程管理酒店服务质量。

4. 整体优化原则

整体优化原则是指在构建酒店服务质量管理体系时要以系统的总体目标为目标，使系统整体功能大于各分系统独立功能之和，实现 1+1>2 的效果。这就要求酒店服务质量管理体系的分系统或要素的功能、目标要围绕酒店的总体目标服务。

5. 信息反馈原则

酒店服务质量管理体系是一个多层次、多类型的复杂系统，信息分析反馈体系是其三大体系之一。如果要对酒店服务质量进行有效的管理，就要将酒店服务质量评估的有关信息进行反馈，不断优化体系功能，促进酒店服务质量不断提高。

6. 持续改进原则

酒店服务质量管理体系是一个动态的系统，并且是一个不断自我完善的系统，所以必须不断改进和持续提高，才能使酒店在白热化的竞争中立于不败之地。

（二）建立酒店服务质量管理体系的步骤

酒店服务质量管理体系建立的必要性已被越来越多的酒店业高层管理者所认同，健全的酒店质量管理体系能完善质量保证制度，保证酒店服务质量，提高顾客满意度，提升酒店竞争力。

1. 建立机构

要想建立酒店服务质量管理体系,首先要成立专门的工作机构(如酒店质量管理委员会)统领全局,负责质量方针、质量目标的确立,构建过程方法对应流程图,确定各层级的工作职责,监控实施情况,并对出现的问题及时反馈,持续改进。

2. 分析现状

酒店只有在做好充分调查、了解顾客需求和愿望、探明酒店真实现状的基础上,才能做出正确的判断。美国的一项调查显示,成功的技术革新和新产品开发有60%～80%来自用户的建议,因此顾客的投诉和意见反馈是酒店发现缺陷、改进服务和推行新产品的直接线索来源。此外,酒店也应该尊重并收集一线员工的意见,作为最能及时感知顾客不满、敏锐洞察顾客需求的群体,他们的意见往往能反映一线工作中遇到的问题和顾客的意见。

3. 确定目标

酒店在制定质量目标之前,应该先确定酒店的质量方针。质量方针必须与本酒店的宗旨相适应,并在满足顾客要求和持续改进的基础上保证质量管理体系的有效性。质量目标是质量方针的具体化,规定了为实现质量方针应达到的标准和水平。此外,制定目标时应遵循SMART原则。

S——Specific,代表具体,指目标要具体,不能笼统;

M——Measurable,代表可测量,指目标是数量化或者行为化的,验证这些目标的数据或者信息是可以测量的;

A——Attainable,代表可实现,指目标在付出努力的情况下是可以实现的,避免设立过高或过低的目标;

R——Realistic,代表现实性,指目标是实实在在的,可以观察和证明的;

T——Time bound,代表有时限,注重完成目标的特定期限。

4. 规定权责

酒店应依据酒店质量目标和酒店服务质量管理体系的层级,确定各部门、各过程及其他质量工作相关人员应承担的职责,赋予相应的权限,明确其具体的责任,并确保其职责和权限能得到有效施行。

5. 文件化

完成前四步之后,接下来需要将酒店服务质量管理体系的相关规定和制度形成文件,便于保存、参阅、执行和反馈。酒店服务质量管理体系文件一般包括以下四种。

（1）质量手册。国际标准中对质量手册的定义是：对质量体系做概括表述、阐述及指导质量体系实践的主要文件，是企业质量管理和质量保证活动应长期遵循的纲领性文件。具体到酒店行业，质量手册一般包含针对酒店服务质量情况专门制定的质量方针、质量目标、质量管理体系策划、酒店组织机构和人员及部门职责权限分配四个方面。其中，质量方针是一个酒店的最高管理者正式发布的该酒店总的质量宗旨和方向，它应同酒店的总方针、经营方针一致，与酒店员工利益一致，这样才能被员工理解和更好地贯彻执行。比如有的酒店以"给顾客家的感觉"为质量方针，简明扼要，易于理解。

（2）程序文件。程序文件是质量手册的下一级文件层次，它规定了某项工作的一般过程，是实施质量体系各项过程和质量活动中应遵循的程序和方法的书面文件，内容包括标题和文件编号、目的、使用范围、主要职责、工作程序、相关/支持性文件（引用文件）质量记录。酒店基本程序文件包括ISO9001:2000标准中规定的形式文件的六项基本程序：文件控制程序、质量记录控制程序、不合格控制程序、内部审核程序、纠正措施程序、预防措施程序，如《基础设施管理程序》《物品采购管理程序》等。

（3）工作标准/岗位指导书。工作标准也称为岗位指导书，是对工作范围、责任、权利、程序、要求、效果、检查方法等所做的规定，是按工作岗位制定的有关工作质量的标准要求，是对程序文件的补充或具体化。酒店部门众多，岗位间的差异很大，每个岗位必须有专门的工作标准或者岗位指导书，才能保证酒店服务的规范、标准。它既是酒店进行岗前培训的文件，也是每位员工应该遵循的准则，还可以为酒店开展纯技术性质量活动提供指导。

（4）质量记录。质量记录是指企业或组织已经进行过的质量活动所留下的记录，是用以证明质量体系有效运行的客观证据。质量记录是获得必要产品质量及有效实施质量体系各要素的客观证据，具有可追溯性，酒店可以根据记录结果纠偏，起到预防不合格品产生和控制质量的作用。

6. 试运行

酒店服务质量管理体系文件在正式发布运行前，酒店需组织各部门、各岗位、各级人员认真学习质量体系文件，通过学习使得各级员工清楚了解服务质量管理体系文件对本部门、本岗位的要求以及与其他相关部门、岗位的衔接要求等，这样才能确保酒店服务质量体系文件在整个酒店得以有效运行。试运行一段时间之后，酒店还应组织专职人员对酒店服务质量管理体系进行内部审核，以确保该体系符合预想目标，符合酒店实际，能够保证体系平稳、可持续运行。这就是试运行的意义。

7. 反馈与改进

酒店服务质量管理体系在试运行的过程中，可能会出现各种问题，这就需要建立实时的监控反馈体系。随着监控体系的运行，不断进行内部审核和管理评审，以保证酒店服务质量管理体系的不断完善和服务质量的持续稳定提高。在对服务全过程进行监控的时候，要以预防为主，建立严格的质量检查体系；同时，为了提高检查质量，酒店还可聘请"神秘人"管理专家入住酒店进行暗访，并将结果反馈给酒店的管理层；此外，顾客的投诉意见也是酒店改进的重要手段，通过宾客的投诉和意见了解宾客的需求，完善酒店服务质量管理体系。只有建立了有效的监控反馈体系，发现问题，分析原因，与相关部门共同商议，从系统的角度解决问题，才能使酒店的整体服务质量得到真正提升。

三、酒店服务质量管理体系中的标准与标准化

（一）标准及其类别

1. 标准的含义

国家标准对标准的定义为：为重复性事物和概念所做的统一规定，它以科学、技术和实践经验的成果为基础，经有关方面协商一致，由主管机构批准，以特定的形式发布，作为共同遵守的准则和依据。

举个例子，尺子是生活中常见的测量工具，可以测出物体的长宽高。那么请思考，尺子为什么可以测量东西？很重要的一点是因为尺子上有刻度，有了刻度才可以发挥出尺子的作用。因此，可以简单的理解，尺子上的刻度，给我们提供了一个测量的标准。因此，本书认为，标准是基于过去的经验，运用科学的方法，对反复出现的各种事物、过程做出的规定，是一种文件、一种制度或一种工具。

具体到酒店运作之中，标准的含义包括如下四个方面：第一，标准是一种文件，是对酒店某项活动或者结果做出的规定、指导。比如《叫醒服务的工作标准》《会客登记服务标准》等，是用一种文件来指导某项活动；第二，标准界定的对象是反复出现的各种活动的结果。注意，是反复出现，也就是说，不是偶尔一两次出现导致的结果。只有这样，制定出的标准才具有广泛的参考性；第三，标准是用科学的方法结合技术和经验而制定出的；第四，标准的目的是在一定范围内获得最佳秩序，以获得最佳经济效益和社会效益。它是酒店自己制定的工作标准，是结合自身情况，合理分析、实验后才制定并执行的，不一定所有酒店都通用，即 A 酒店制定的工作标准放到 B 酒店，未必能够适用。

不过，虽然说一个酒店制定的标准仅适合于酒店自身使用，但是还有一些标准是普遍适用于酒店行业的，那就是国家标准和一些行业标准。酒店在制定自己本酒店标准的时候，也必须参考国家标准和行业标准，不能违背。相关国家、行业标准如下：最重要的是《旅游酒店星级的划分与评定》(GB/T14308-2010)，这是国标 GB；还有《饭店业职业经理人执业资格条件》(GB/T19481-2004)，《绿色饭店》(GB/T21084-2007)也是国家标准 GB。

2. 酒店服务标准的类别

酒店要根据其服务质量标准，结合酒店实际，制定适合酒店内部的标准体系。酒店服务标准一般分为以下三个方面。

（1）工作标准。工作标准是酒店对各部门、各类人员的基本职责、工作要求、工作程序、工作规范、考核办法所规定的标准，是衡量工作质量的依据和准则。如果没有工作标准，服务人员没有参考依据，无法提供标准化的、稳定的服务，管理人员也就无法进行考核。

（2）技术标准。技术标准是酒店对服务需要达到的程度和水准所规定的标准。酒店服务质量技术标准内容包括设施设备质量标准、实物商品质量标准、服务质量标准。比如酒店供配电系统标准、酒店客房浴室标准等。

（3）管理标准。管理标准是酒店对管理的规则、规章、程序及其他管理事项所规定的标准。比如入住登记制度、VIP 接待制度、安全管理制度等。

（二）酒店服务质量管理体系与标准化

酒店服务质量管理体系与标准化有什么关系？可以说，酒店运行服务质量体系其目的之一就是实现对产品和服务过程的系统化、标准化管理。如果不能进行这样的标准化管理，酒店就很难保证服务质量的稳定性。相信大家都有相似的经历，无论你是在北京还是在上海，吃到的麦当劳都是一个味道。但是像一些中餐的面馆连锁店，你在不同城市甚至同一城市的不同连锁店，吃到的味道也会有差异。因为麦当劳产品的所有流程都是标准化流程，很多都是机器控制、电脑控温，操作员只需按照标准流程操作就好，而中餐在标准化程度上不如麦当劳，像抻面这种主观性较大的技术活，也不太容易用固定的尺寸作为标准，所以才会吃到不一样的味道。

对于酒店而言，保证顾客从预订房间、港口机场接客、门童引领、入住登记、送客到房、餐饮服务、娱乐服务直至顾客离店的各环节，都能感受到标准、周到的服务，才是酒店所看重并追求的，也正是酒店管理者推行酒店服务质量管理体系的原因之一。

（三）酒店星级评定标准

1. 国际酒店星级评定标准

国际上并没有标准化的评级系统。在欧洲，酒店被评为一星至四星，四星是可以评定的最高等级。在美国，酒店被评为一星至五星，有时候会有半颗星的评级增幅。

欧洲的酒店星级由政府机构或独立组织评定，各国情况不尽相同。事实上，在欧洲同一个国家内，星级评定也会因不同城市而异，即使同一个城市的酒店之间也有不同。总的来说就是全球的酒店星级评定没有一个统一尺度。同样，美国的星级评定由几个专业的组织进行，全国消费者旅行组织和旅行指南也为酒店评定星级，但都以各自设定的标准进行评价。另外，旅游类网站、实体旅行社和预订服务机构也会给酒店评级，大部分网站和组织在评定星级的同时也提供一套评级系统的说明以供消费者理解。

星级评价看似标准不一，但对了解一个酒店还是非常有帮助的。举例来说，一间四星或五星的酒店总是比一星或二星的酒店豪华。有一些基本的结论：一星酒店一般是经济型旅馆，二星一般是高端旅馆或低价酒店，但这些酒店都会提供一晚休息所需的全部设施。如果你需要寻找更高等级的配套服务，诸如客房服务、网络接入、电影、豪华装修、健身中心等更好的体验，你需要的是评为三星或以上的酒店。三星级酒店定价合理、环境舒适，但缺少四星酒店的豪华感。五星酒店则属于全国高端连锁酒店和精品酒店。尽管没有一套全球范围内的酒店评级标准来界定酒店的星级，但是对消费者来说，对豪华酒店品牌已有明确的界定。本书前面的章节已经介绍了全球著名的酒店集团，都是被大众广泛认可的酒店品牌。

2. 中国酒店星级评定标准

（1）中国酒店星级评定标准的发展历程。星级评定制度是以"星"来标志酒店等级，以"星"来反映酒店的硬件、软件水平，只有评上星级的酒店才能在其酒店的广告和各种宣传品上使用相应的星级标志。我国的星级评定经历了从无到有、逐渐与国际接轨、不断完善和发展的过程。

（2）中国酒店星级划分及标志

①划分。我国的星级酒店根据档次的不同划分为五个层级：一星级、二星级、三星级、四星级和五星级（白金五星）。任何酒店以"准X星""超X星"或者"相当于X星"等作为宣传手段的行为均属于违法行为。一星级、二星级和三星级为有限服务酒店，在评

定时对其住宿产品进行重点评价，而四星级和五星级（白金五星）为完全服务酒店，评定星级时注重全面的评价。

②标志。星级酒店的证书和标志牌由全国旅游酒店星级评定机构——文化和旅游部颁发，星级标志有效期为3年，由长城与五角星图案构成，星级以镀金五角星为符号，用一颗五角星表示一星级，两颗五角星表示二星级，三颗五角星表示三星级，四颗五角星表示四星级，五颗五角星表示五星级，五颗白金五角星表示白金五星级。一至五星级的酒店铜牌上以镀金五角星为符号，而获得"白金五星级"的酒店，其标牌上缀有的五颗星将选用白金色。酒店星级标志应置于酒店前厅最明显位置，接受公众监督。酒店星级标志已在国家市场监督管理总局登记注册为证明商标，其使用要求必须严格按照《星级酒店图形证明商标使用管理规则》执行。任何单位或个人未经授权或认可，不得擅自制作和使用。酒店星级证书和标志牌由全国星评委统一制作、核发。标志牌工本费按照国家相关部门批准的标准收取。每块星级标志牌上的编号，与相应的星级酒店证书号一致。每家星级酒店原则上只可申领一块星级标志牌。如星级标志牌破损或丢失，应及时报告，经所在省级星评委查明属实后，可向全国星评委申请补发。星级酒店如因更名需更换星级证书，可凭工商部门有关文件证明进行更换，同时必须交还原星级证书。

第三节　酒店服务质量改进的工具与措施研究

一、酒店服务质量改进的工具

（一）服务质量改进工具简介

服务质量的诸多改进方法，多是基于统计学方法。因为统计学方法是通过对被考察对象各类活动的数字资料进行整理、分析和归纳，来反映事物的客观规律。常见的服务质量改进工具包括"老七种"和"新七种"。

1. "老七种"工具

"老七种"工具起源于1962年日本科学技术联盟，在20世纪70年代备受日本工业界推崇，并很快在日本的工厂企业现场质量管理中发挥了巨大作用。"老七种"工具具体包括因果图、排列图、直方图、控制图、散布图、分层图和调查表，适用于在生产现场、施工现场、服务现场解决质量问题和改进质量。

"老七种"具有如下两个特点：一是强调用数据说话，重视对制造过程的质量控制；二是通俗易懂，一线员工易于掌握，能够用于解决现场质量问题。

（1）因果图。因果图最先由日本品管大师石川馨提出，故又叫石川馨图，同时因其形状，又叫鱼刺图、鱼骨图、树枝图、特性要因图。一个质量问题的发生往往不是单纯一种或几种原因的结果，而是多种因素综合作用的结果。要从这些错综复杂的因素中理出头绪，抓住关键因素，就需要利用科学方法，从质量问题这个"结果"出发，依靠群众，集思广益，由表及里，逐步深入，直到找到根源为止。因果图就是用来根据结果寻找原因的一种质量控制和改进手法。

（2）排列图。排列图又称帕累托（Pareto）图，来自于帕累托定律，该定律认为绝大多数的问题或缺陷产生于相对有限的起因。就是常说的80/20定律，即20%的原因造成80%的问题。排列图是一种柱状图，按事件发生的频率排序而成，它显示由于某种原因引起的缺陷数量或不一致的排列顺序，是找出影响项目产品或服务质量的主要因素的方法。只要找出影响项目质量的主要因素，就能有的放矢，取得良好的经济效益。

（3）直方图。直方图法是通过对大量计量值数据进行整理加工，找出其统计规律，即分析数据分布的形态，以便对其总体的分布特征进行推断、对工序或批量产品的质量水平及其均匀程度进行分析的方法。张明玉在《管理学》中将直方图分为六个模型：孤岛型，在直方图旁边有孤立的小岛出现，当这种情况出现时说明过程中有异常原因；双峰型，当直方图中出现了两个峰，这是由于观测值来自两个总体、两个分布的数据混合在一起造成的；折齿型，当直方图出现凹凸不平的形状，这是由于制图时数据分组太多，测量仪器误差过大或观测数据不准确等造成的，此时应重新收集数据和整理数据；陡壁型，当直方图像高山的陡壁一样向一边倾斜时，通常是由于产品质量较差，为了筛选出符合标准的产品，需要进行全数检查，以剔除不合格品；偏态型，偏态型直方图是指图的顶峰有时偏向左侧、有时偏向右侧；平顶型，是指直方图没有突出的顶峰，像平原一样，这可能是由于很多种均值的数据混在一起了，也有可能是缓慢因素的影响。我们使用直方图的目的是研究产品质量的分布状况，据此判断生产过程是否处在正常状态，可以上述六个模型为准，切合实际，研究分析直方图，分析其问题原因，并采取相应措施。

（4）控制图。控制图又称管理图，是对生产过程的关键质量特性值进行测定、记录、评估并监测过程是否处于控制状态的一种图形方法，是由美国的休哈特博士提出的。他认为，在过程中，异常因素对产品的质量变异影响程度是很大的。控制图是用于分析和判断工序是否处于稳定状态，带有管理界限的图，有分析用管理图和控制用管理图两类。前者专用于分析和判断工序是否处于稳定状态，并且可用来分析产生异常波的原因；后者专用于控制工序的质量状态，可及时发现并消除工艺过程的失调现象。

（5）散布图。散布图又称散点图，是用非数学（图示）的方式来辨认某现象测量值与可能原因因素之间关系的图示，具有快捷、易于交流和易于理解的特点。收集现象测量值时要排除其他可能影响该现象的因素。例如，测量产品的表面品质时，也要考虑到其他可能影响表面品质的因素，如进给速度、工具状态等。

（6）分层法。分层法是通过多元思考而明确问题的展开型系统图。分层法的操作方法是把所收集的数据进行合理分类，把性质相同、在同一生产条件下收集的数据归在一起，通过对数据的划分组"层"把错综复杂的影响质量因素分析清楚，并按照不同的目的、性质、来源等加以分类整理，使之系统化、条理化，能更确切地反映数据所代表的客观事实，查明产品质量波动的实质性原因和变化规律，以便抓住主要矛盾，找到主要影响因素，从而对症下药，采取相应的措施。由于造成质量问题的原因和条件是多方面（人、机、料、环、法）的，因此，采用分层法，将收集到的大量统计数据，按其不同的来源进行分类后，再进行质量分析，便可使同一层内的数据波动尽可能小，而使层与层之间的数据差异尽可能大地反映出来，就此显示出分层的作用与结果，否则分层无效。在应用分层法对数据进行分层时，须选择适当的分层标志，一般按人、机、料、环、法、时间等条件作为标志。

（7）调查表。调查表又称检查表、统计分析表，它是为了核对、检查之用而事先设计的一种表格或图，其中记有查验的必要项目，只要记上检查记号，并加以统计整理，就可作为进一步分析或核对检查之用。

2."新七种"工具

（1）系统图。系统图是指系统寻找达到目的的手段的一种方法，它的具体做法是把要达到的目的所需要的手段逐级深入。系统法可以系统地掌握问题，寻找到实现目的的最佳手段，被广泛应用于质量管理中，如质量管理因果图的分析、质量保证体系的建立、各种质量管理措施的开展等。当某一目的较难达成，一时又想不出较好的方法，或当某一结果令人失望，却又找不到根本原因时，建议应用服务质量改进"新七种"工具之一的系统图。常用的系统图大体可以分为两大类：一类是把组成事项展开，称为因素展开型系统图。例如问题是"为何品质降低？"则开始发问"为何形成此结果，原因有哪些？"经研究发现原因是人力不足、新进人员多；接着以"人力不足、新进人员多"为结果，分别追问"为何形成此结果，原因有哪些？"其中"人力不足"的原因有招聘困难，人员素质不够等,并将此作为二次原因继续发问;后续同样将每项二次原因展开成三次原因等,最后建立因素展开型系统图。另一类是把为了解决问题和达到目的的手段、措施加以展开,称为措施展开型系统图。例如问题是"如何提升品质",则开始发问"如何达成此目的,方法有哪些?"经研究发现,有推行零缺陷管理、推行品质绩效奖励制度等解决方法;然后进行二次发问:"推行零缺陷管理有哪些方法?"后续同样将每项二次发问的解决方法换成目的,进行三次发问,再展开成三次方法,最后建立措施展开型系统图。

(2)矩阵图。矩阵图法就是从多维问题的事件中,找出成对的因素,排列成矩阵图,然后根据矩阵图来分析问题,确定关键点的方法。它是一种通过多因素综合思考,探索问题的好方法。在复杂的质量问题中,往往存在许多成对的质量因素,将这些成对因素找出来,分别排列成行和列,其交点就是其相互关联的程度,在此基础上再找出存在的问题及问题的形态,从而找到解决问题的思路。

(3)网络图。网络图又称矢线图、网络计划技术,是安排和编制最佳日程计划,有效地实施进度管理的一种管理方法,即把推进计划所必需的各项工作,按时间顺序和从属关系,用网络形式表示的一种图形,因作业活动用箭条连接,故称矢线图。矢线图中每一项作业都应有自己的节点编号,编号从小到大,不能重复和闭环;相邻两个节点之间只能有一项作业,也就是只能有一个箭头;起始节点和终点节点都是唯一的,绘制时不能有缺口,即不允许出现多起点或多终点的现象。网络分析技术特别适用于一次性工程或任务,工程或任务越复杂采用网络分析技术收益越大。这时,也更便于应用计算机进行数据处理,从而加速工作推进。

(4)关联图。关联图就是把现象与问题有关的各种因素串联起来的图形。通过关联图可以找出与此问题有关的一切要素,从而进一步抓住重点问题并寻求解决对策。在20世纪60年代,日本应庆大学教授千住正雄提出将几个问题与其主要因素之间的因果关系用图加以标示,以找出关键问题与因素,这样更有利于分析整理各种复杂因素交杂在一起的问题。关联图按照目的可分为多目的型和单一目的型。多目的型即有两个以上目的(或结果)的关联图,单一目的型即用于解决单一目的的关联图。按结构,关联图可分为中央型、单向汇集型和应用型三种。

(5)KJ法。KJ法又称为亲和图,就是把收集到的大量各种数据、资料,甚至工作中的事实、意见、构思等信息,按其之间的相互亲和性(相近性)归纳整理,使问题明朗化,并使大家取得统一的认识,以解决问题的一种方法。KJ法的创始人是日本人文学家川喜田二郎,KJ是其姓名的英文缩写。KJ法是川喜田二郎1953年在尼泊尔探险时将野外的调查结果资料进行整理研究开发出来的。通过KJ法的运用,可使不同见解的人统一思想,培养团队精神。其应用范围很广，常用于以下生产管理活动中：迅速掌握未知领域的实际情况，找出解决问题的途径；对难以理出头绪的事情进行归纳整理，提出明确的方针和见解；通过管理者和员工的一起讨论和研究，有效地贯彻和落实企业的方针政策；成员间互相启发，相互了解，促进基于共同目的的有效合作。

（6）PDPC 法。PDPC 法是 Process Decision Program Chart 的缩写，又称过程决策程序图，是运筹学的一种方法，其工具就是 PDPC 图。所谓 PDPC 法，就是为了完成某个任务或达到某个目标，在制订行动计划或进行方案设计时，预测可能出现的障碍和结果，并相应地提出多种应变计划的一种方法。这样，在计划执行过程中遇到不利情况时，仍能按第二、第三或其他计划方案进行，以便达到预定的计划目标。该法可用于防止重大事故的发生，因此也称为重大事故预测图法。由于一些突发性的原因，可能会导致工作出现障碍和停顿，对此需要用过程决策程序图法进行解决。在日常管理中，特别是高层管理干部在面对公司的复杂情况时，往往理不清其过程关系，或事先未进行过程策划，这时候用 PDPC 法就特别适合。

（7）矩阵数据析法。在"新七种"工具中，矩阵数据分析法是唯一一种利用数据分析问题的方法，但其结果仍要以图形表示。矩阵数据分析法与矩阵图法类似，它区别于矩阵图法的是：不是在矩阵图上填符号，而是填数据，最终形成一个分析数据的矩阵。在矩阵图的基础上，把各个因素分别放在行和列，然后在行和列的交叉点中用数量来描述这些因素之间的对比，再进行数量计算，定量分析，确定哪些因素是相对比较重要的。矩阵数据分析法的主要方法为主成分分析法（Principal component analysis），这是一种将多个变量化为少数综合变量的多元统计方法，利用此法可从原始数据中获得许多有益的情报。矩阵数据分析法主要用于市场调查、新产品设计与开发、复杂工程分析和复杂的质量评价等。当我们进行顾客调查、产品设计或者其他各种方案选择、做决策的时候，往往需要确定对几种因素加以考虑，然后，针对这些因素要权衡其重要性，加以排序，得出加权系数。譬如，我们在做产品设计之前，向顾客调查对产品的要求，利用这个方法就能确定哪些因素是临界质量特性。

3. "新老七种工具"在 PDCA 循环中的作用

本书第二章已经提到过 PDCA 循环，它是一种科学的管理程序，最早由休哈特博士提出，后来由戴明博士带到日本，在日本推行全面质量管理工作中得到推广应用，故又称为"戴明环"。ISO 9000:2015 标准已将这一适用于开展各种工作或活动的科学管理程序纳入标准，作为质量管理体系建立和运行必须遵循的程序，也是质量持续改进应遵循的程序。

PDCA 循环是依据客观规律总结出来的管理运转程序，这一规范化的科学管理程序包含四个阶段和八个步骤，其中四个阶段必不可少，而八个步骤可根据工作项目的规模、特点以及实现的方法不同而有所不同。PDCA 循环的四个阶段为：计划（plan）、实施（do）、检查（check）、行动（action）。PDCA 循环的八个步骤为现状调查、原因分析、要因确认、制定对策、实施对策、检查效果、巩固措施和寻找遗留问题。

在 PDCA 循环的各阶段、各步骤中，新老七种工具都能发挥很重要的作用。同时还应注意到，各种工具的应用不是孤立的，一种统计工具可能使另一种工具的结果得到深化和具体化，为解决质量问题提供更好的条件。应提倡各种统计工具灵活应用、联合应用，以谋求多快好省地实现质量的改进目标。

（二）服务质量改进工具在酒店中的应用

在酒店运营过程中，"老七种"和"新七种"工具在许多方面都可以用来帮助酒店查找质量问题的原因，为进一步改进和提升酒店服务质量做准备。

1. 因果图

结果或特性是管理者绘制和使用因果图的出发点。因为结果是产生质量问题的点，是不良的质量特性值，它既是服务的"关键点"，也是质量的"控制点"和问题的"产生点"，因果图能找到与结果相关的所有原因，并对原因进行分类。由于因果图是一种枚举法，为了能够把所有重要因素都列举上，绘制因果图时，可以结合头脑风暴法，畅所欲言，集思广益，找出因果关系，并在图上以因果关系的箭头表示；然后开始画图，画出大骨，并将主要原因写在大骨的旁边，再列出影响大骨（主要原因）的原因，即第二层次原因，作为中骨；最后用小骨列出影响中骨的第三层次原因，依此类推，展开到可制定具体对策为止。

2. 调查表

调查表又称检查表或问题收集表，在酒店中被广泛使用。因为它不仅可以用于酒店现场管理和服务，还可以用到流程管理当中。在酒店，较常见的调查表有酒店前厅、客房、餐厅灯、质量控制检查表、餐饮服务自检表、员工满意度调查表、宾客满意度调查表、酒店物品点检表等。

二、酒店服务质量改进的措施

酒店服务质量的改进需要从酒店领导、员工、顾客以及制度规范等多方面入手，才能系统性提高顾客的满意度，提升酒店从业人员的忠诚度，提高酒店效益，达到多方共赢的效果。

（一）建立完善的服务质量管理体系

1. 设立服务质量管理组织结构

酒店应设立服务质量管理专职机构，作为服务质量体系的组织保证，应建立内容全面、科学合理、控制严密的服务质量控制系统，并通过一定的制度、规章、方法、程序等，使酒店质量管理活动系统化、标准化、制度化，把酒店各质量活动纳入统一的质量管理系统中。

这里，专门强调一下服务标准的制定，想改进酒店服务质量，就要制定优质服务标准。优质服务标准包括三大要素：硬件、软件和人员，这三者相辅相成、缺一不可。制定优质服务标准共有四个步骤。

（1）分解服务过程。也就是要把客人在酒店所经历的服务过程细化、再细化，放大、再放大，从而找出会影响客人体验的每一个要素。以客人入住登记为例，就可以被分解为引领至前台、等待、选房、交付押金、签字认可、拿房卡和引领至房间这七个过程。

（2）找出每个过程的关键时刻。一线服务员工每一次与顾客面对面交流接触的瞬间都是关键时刻，顾客与酒店的任何接触并对其服务质量产生一定印象的任何时刻都可被称为关键时刻。在酒店期间，顾客对其所经历的各个关键时刻的感知，直接决定了其对酒店服务质量的整体评价。每一个关键时刻，都是顾客感知价值的基本组成单位。不同的酒店，关键时刻不同，酒店管理者可以召集部门管理者、一线员工以及顾客代表等共同讨论，得出酒店需要关注的所有关键时刻并列成清单，然后针对各关键时刻，商讨出应对方法，并通过培训，让所有员工都能切实掌握。以入住登记为例，引领至前台的过程中，要第一时间提供必要的帮助和问候，尤其在遇到有行李、老人、怀抱小孩的妇女等情况下，下雨天还要及时出门迎接，顾客进店后问候要亲切，给顾客宾至如归的感觉；等待过程中，如果有带小孩的，送上棒棒糖、毛绒玩具等，熟客再聊聊家常；选房时认真听取客人要求，根据客人的需求来选择房间，注意高低、闹静、同层、房型等。

（3）把关键时刻转化为服务标准。这点十分重要，也是酒店管理常态化、制度化以及保证酒店服务质量稳定的重要一步。

（4）根据客人的需求对标准重新评估和修改。标准制定出来后，这个标准是否合理、按照这个标准是否能达到提供优质服务的初衷，最有发言权的是住店客人。

2. 制定质量标准和质量目标

酒店要明确各服务项目的日常管理和服务环节的质量标准，通过制定工作规范和工作程序使员工服务行为有章可循。服务过程的规范化、程序化、标准化，既是酒店质量体系的重要内容，也是建立服务质量管理体系的重要基础工作。对各岗位、各环节的服务过程，酒店要进行如实记录，仔细分析研究，按照质量管理要求进行改进，使之合理化，并以文字和图表的形式确定下来，形成服务程序。同时，酒店还应制定服务质量检查程序和控制标准，建立质量信息反馈系统，收集分析服务不符合标准的原因，提出并实施改进措施。

（二）重视酒店服务设计

1. 工业化方法

工业化方法是20世纪70年代初，哈佛商学院教授西奥多·蔡维特在总结了当时一些优秀酒店的经验后提出的，他将制造业的管理方法应用于酒店服务业，就是将服务业的运营工业化。当时，这种工业化方法就得到了广泛应用，比如典型的自动售货机、自动柜员机以及麦当劳的标准化服务等，都是这一时期典型的例子。

工业化的具体表现如下。一是要有自动化设备。比如现在很流行的无人餐厅、无人超市、无人快餐都是自动化设备结合信息技术的体现。即使许多服务业没有实现完全无人化，但是在许多服务环节，都引入了工业化的思想，实现了无人化。目前，越来越多的超市都支持顾客自主扫码、自主付款，不需要服务员；越来越多的快餐店都支持顾客手机扫描点餐或者在店内自助终端机上点餐，这大大减少了对服务人员的需求，提高了服务效率，也减少了排队等待的时间；无人餐饮工厂化的趋势也在加强，整个生产线没有一个人，做饭、炒菜、包装全过程都由机器操作，全程自动化。二是要体现系统化和标准化。比如客房物品的摆放要求，布草洗涤等，都是系统化和标准化的体现。只有这样，才能提高服务效率，并且减少出错的机会，提高服务品质。

工业化方法应用于酒店运营时有以下四个注意事项：第一，要确立分工。因为工业化方法的基本思想是把工作划分为各类较为具体的任务，使每个人的工作简化，并且只需要员工具备相应的一类或几类技能。所以，分工是否得当，将直接影响后续的设计和运营效果。第二个是应用技术。这是工业化设计的主要组成部分，必须考虑是否容易操作，否则会降低系统的运营水平。第三个是服务标准。我们一直在强调标准化的概念，因为只有这样，才能使得服务的质量更加稳定，服务过程的控制更严密。第四个是规范行为，主要是要求减少人为可变因素的影响，通过行为规范化，来提高服务质量的稳定性，提高服务质量和运营效率。

2. 客人化方法

客人化方法是基于这样一些假设提出来的：客人有兴趣了解酒店服务运营流程；客人希望能参与到服务的具体运营中；客人愿意自己承担一部分工作；客人希望且主动避开服务高峰期。这些都是基于客人自身的意愿，愿意主动参与到酒店运营中。

客人化方法需要注意以下几个问题：一是要满足客人的个性化需求，二是要在系统设计中突出服务提供系统的灵活性；三是要在服务提供过程中给予员工自主权，让他们能够在客人化服务中发挥更积极、更有效的作用；四是动态监控和服务绩效，由于不同客人的要求有很大的不同，只有随时关注服务的提供过程和结果，并及时进行评价，才能不断地改进服务系统和提高服务水平。

3. 集成设计方法

集成设计方法是将完整服务产品和服务提供系统作为一个有机整体来考虑的方法，如将服务运营活动划分为前台运营和后台运营，在前台，充分运用客人化方法；在后台，尽量运用工业化方法，以同时实现客人化服务和高效率运营为目标。

（三）设计员工满意度体系

没有满意的员工，就没有满意的顾客。一个酒店的员工对自己的酒店都不满意，那么他很难对顾客负责，很难让顾客的需求达到满意。许多优质服务的酒店，充分考虑人性化的需要，这不仅包括顾客的需求，还包括酒店员工的需求，有的酒店甚至提出"员工第一，顾客第二"的宗旨，并以这样的宗旨充分调动从业人员的积极性，让员工全心全意为顾客服务。一个完整的员工满意度体系应包括以下几个方面。

1. 重视员工培训

解决酒店众多问题最便利的途径就是培训。在酒店的管理中搞好培训，不但可以提升酒店的服务品质，还可以提高顾客的满意率，提升酒店的口碑，从而提高酒店的竞争力。而酒店对于培训应该从两方面入手：一是根据酒店的实际情况，立足于酒店内部的全面改进，对酒店内部员工进行考核，根据考核结果因材施教，对酒店内部人员进行不同的培训；二是对顾客的需求、习惯等进行调研，到其他酒店学习，从中吸取经验并发现不足，再对员工进行统一培训。

酒店应该根据岗位的不同，制订每个岗位的培训计划，必要时，可以给员工安排进修或是到别的酒店学习的机会。当前，社会在不断发展，科技也在飞速进步，对于酒店的员工来说，在不断发展的环境下及时更新知识和服务，是酒店服务质量提升的关键。因此，酒店要给员工提供一个双赢的平台，既能切实提升酒店的服务质量，也能提高酒店从业人员的自身素质和薪酬福利。

丽思·卡尔顿酒店原总裁舒尔茨先生曾经说过，"在创造以顾客为中心的酒店文化里面，培训是最为关键的因素"，可见培训是酒店得以发展的第一要务。丽思·卡尔顿酒店的实践也证明，经过培训后的酒店领导层和普通服务人员的服务质量明显提高，顾客的满意度也有所提升，从而提高了酒店的口碑。另外，通过培训，酒店的管理人员在成本质量管理等多个方面的业务技能也有了很大的提升，对酒店的开源节流起到了重要的作用。

2. 做好员工职业生涯规划

对于酒店员工来说，其职业生涯规划是指结合个人和酒店的情况，在对自身职业生涯的主客观条件进行测定、分析、总结研究的基础上，对自己的兴趣、爱好、能力、特长、经历及不足等各方面进行综合分析与权衡，结合时代特点，根据自己的职业倾向，确定其最佳的职业奋斗目标，并为实现这一目标做出行之有效的安排。

酒店协调员工做好职业生涯规划至关重要，不仅可以优化组织人力资源配置，提高人力资源利用效率，还可以提高员工满意度，降低员工流动率，达到酒店和个人共同发展，并能更好地应对变革和发展的需要。

3. 提高员工薪酬福利水平

按照马斯洛需求层次理论，需求位于金字塔中下端的人们依然是占据大多数，工作对于大部分普通人来讲，都是养家糊口的保障。因此，酒店员工薪酬和福利的提高，对提升员工满意度会有很大的推动作用。

薪酬的提高会带来员工的满意，但是也会增加酒店的成本，所以要设计合理的薪酬体系，通过提高薪酬调动员工的积极性，为酒店创造更多的价值，使酒店在多支付员工薪酬的情况下依然能够保持营业收入和利润的增长，这样就会进入一个良性循环。

福利也是员工十分看重的一部分。如果酒店不能给员工直接提高薪酬，提高员工福利也是一个很好的增加员工忠诚度的办法。比如，改善员工住宿和伙食，提供员工休闲活动设施，增加带薪假，给员工办生日会等等。

第六章

信息化时代下的酒店管理发展探究

第一节　高新技术在现代酒店管理中的应用探究

一、酒店运营与节能环保

（一）酒店能源消耗运用管控

酒店的能源利用率是反映酒店能源利用的综合指标。能源利用率的高低，不仅取决于供能和用能设备的技术状况，还取决于酒店的管理水平，酒店能源管理对能源利用率所起的作用并不亚于技术因素所起的作用。目前，许多酒店的设备设施现代化程度不断提高，因此更需要运用科学的方法和先进的技术手段进行管理，从而达到更合理、更高效的能源利用目标。

1. 酒店能耗

（1）酒店的地理位置及其建筑结构。南北方地区在气候、日照时间等方面存在着很大的差异。此外，酒店的建筑年限、保温性能、采光效果及结构形式等也会直接影响其能源的消耗，如北方地区由于室内外气温差异大，酒店大门宜采用旋转门或大堂外增加隔厅的方式减少能源消耗。

（2）酒店各机电系统的设计、安装水平。机电系统的设计及安装水平也是影响酒店能耗的一个重要因素。缺乏经验的设计院或安装单位可能会给酒店的经营留下或多或少的隐患，造成酒店运营能耗过大，如空调制冷系统是酒店能源消耗的主要组成部分，占能源消耗总价的 50% 以上，在酒店设备中由于各家设计院取值定位不同，最后能源消耗的成本也大不相同。

2. 提升酒店能源利用率的方法

（1）对酒店进行科学的规划和设计。贯彻执行国家有关节能的方针、政策、法规、标准及有关规定，制定并组织实施本酒店的节能技术措施，完善各项节能管理制度，降低能耗，完成节能工作任务。

（2）积极利用新技术改造高能耗设备。如空调余热回收改造、厨房灶台节能改造、感应电梯改造等。

（3）完善设备运行、使用及维保规范。按照合理原则，均衡、稳定、合理地调度设备运行,提高能源利用率,避免用能多时供不应求、用能少时过剩浪费的现象。酒店能源控制可以分楼层设计,在酒店业务淡季时可以关闭一些楼层维修或歇业以减少能耗。

(4)制定科学合理的考核指标。建立健全的酒店能源管理体系,明确各级管理者的职责范围;建立健全的能耗原始记录、统计台账与报表制度;定期为各部门制定先进、合理的能源消耗定额,并认真进行考核。

(5)对员工进行节能减排的培训教育。培养员工的绿色环保意识,促进全员节能减排习惯的养成。

(二)酒店节能技术应用

1. 5A 及 PDS 技术

酒店通过采用先进技术不仅提升了酒店的档次和满足了客人的需求,还实现了节能。5A 技术包括:楼宇自动化(Building Automation,BA)、通信自动化(Communication Automation,CA)、办公自动化(Office Automation,OA)、安全自动化(Safety Automation,SA)和消防自动化(Fire Automation,FA)。此外,还有综合布线系统(Premises Distribution System,PDS),该系统专为计算机与通信的配线而设计。通过这些技术,酒店能够对水、电、气和空调等进行自动控制,从而达到节能的目的。

2. 地源热泵空调系统的应用

地源热泵技术,是利用水与地能(地下水、土壤或地表水)进行冷热交换来作为热泵的冷热源。冬季把地能中的热量"取"出来,供给室内采暖,此时地能为"热源";夏季把室内热量取出来,释放到地下水、土壤或地表水中,此时地能为"冷源"。

地源热泵是既可供热又可制冷的高效节能空调系统,且不向外界排放任何废气、废水、废渣,是真正的绿色能源。与传统的空气源热泵相比,其能效要高出 40% 左右,其运行费用为普通中央空调的 50%~60%。

3. 新兴节能光源

在相同的电能消耗条件下,节能光源的发光效率高,因此酒店应尽可能采用节能光源。在照明领域,白光 LED 作为一种新型的市场照明技术,越来越受到酒店业管理者的青睐。LED 照明光源的节能高效主要体现在:同等照明效果的情况下,耗电量是白炽灯泡的 1/2、荧光灯管的 1/10;寿命是白炽灯的 100 倍;单体 LED 的功率一般在 0.05W~1W;其寿命可超过 5 万小时,之后仍能维持初始灯光亮度的 60% 及以上。

（三）绿色酒店的构建

1. 绿色旅游型酒店相关概念

文化和旅游部于 2015 年底颁布《绿色旅游型酒店》行业标准，并于 2016 年 2 月开始实施。该标准中的绿色旅游型酒店（Greenhotel）是指以可持续发展为理念，坚持清洁生产、维护酒店品质、倡导绿色消费、合理使用资源、保护生态环境、承担社区与环境责任的酒店。其核心是为顾客提供舒适、安全、有利于人体健康要求的绿色客房和绿色餐饮，并且在生产经营过程中加强对环境的保护和资源的合理利用。

2. 我国绿色酒店的评定准则

（1）《绿色旅游型酒店》的等级划分及标志。绿色旅游型酒店分为金叶级和银叶级两个等级。金叶级应达到设施设备评分 240 分及以上，银叶级应达到设施设备评分 180 分及以上。全国范围内，正式开业一年以上并满足酒店必备项目检查要求的酒店具有参加评定的资格。

（2）《绿色旅游型酒店》标准的基本要求

①环境管理要求。酒店在运营过程中应该遵守环保、卫生等方面的法律法规，构建实施绿色旅游型酒店的管理组织体系，开展培训并创造能使员工充分参与创建与管理绿色旅游型酒店的内部环境，建立倡导绿色消费、绿色采购等方面的规章制度和管理要求，因地制宜、开展形式多样的绿色旅游型酒店宣传活动，鼓励酒店消费者、供应商参与绿色旅游型酒店的实施工作。

②环境质量要求。该准备对酒店锅炉大气污染物排放、厨房排烟、污水排放、垃圾分类及管理、酒店噪声排放、酒店新建、改建工程后，酒店室内空气质量应达到的标准做出了明确规定。同时，提出了酒店能源计量系统标准，强调了申请绿色旅游型酒店的酒店要在一年内未出现重大环境污染事故，无环境方面的投诉。

3. 推动绿色旅游型酒店发展的现实意义

（1）创建绿色旅游型酒店重点关注了公众关心的环境问题。长期以来，旅游型酒店被认为是"无烟产业"，而事实上，随着旅游业的快速发展，旅游型酒店对环境的影响不可低估。据研究表明，旅游业的碳排放占全球温室气体排放的 5%，并有增长趋势，其中又以旅游航空、住宿占比较高。随着公众环境意识的增强，公众对环境问题的关心日益增加，绿色酒店在为顾客提供绿色消费的同时，应当减少对环境的污染，重视公众及国家长远利益。新修订的《绿色旅游型酒店》标准，要求酒店重视减少大气污染物、水污染物排放，废弃物管理以及食品质量改善等问题。

（2）创建绿色旅游型酒店提升了酒店企业的社会责任意识。《绿色旅游型酒店》标准中强调酒店应该承担社会责任，具体有以下几点。

①绿色理念宣传。包括向顾客传播绿色理念，提高顾客的环保意识；定期发布绿色旅游型酒店创建成效，采取奖励、优惠等措施引导顾客参与酒店绿色计划等。

②绿色采购。包括优先选择提供环保型产品的供应商，积极与供应商协商，在产品包装、物流、仓储等环节降低消耗、减少环境污染等。

③社区服务。包括参与社区的各种公益活动和环境改善活动等。

④环境绩效改善。包括建立能源管理体系，促进单位综合能耗水平逐年下降等。

（3）创建绿色旅游型酒店体现了顾客核心利益。绿色酒店倡导安全、健康、理性的消费理念。在建立绿色酒店的过程中，要为顾客提供设施品质高、智能化高的客房以及高品质、安全、健康的食品，并明确要求对影响人身及财产安全的要素进行控制，如完善消防系统、门禁系统，对影响人体健康的室内装修材料、温度、湿度、噪声、光线、通风等也都有明确要求。这些要求保障了顾客的核心利益。

（4）创建绿色旅游型酒店有利于酒店品牌的塑造。创建绿色酒店的活动，很多是从树立酒店品牌出发的。调查显示，绿色旅游型酒店会给消费者带来酒店企业的正面形象。酒店通过开展和参与一系列有关健康、环保的社会活动，赢得社会公众的认可，从而将绿色酒店融进自身品牌的建设之中，绿色产品、绿色服务和绿色营销已成为酒店竞争越来越重要的途径之一。

二、酒店运营管理智能化

（一）酒店运营管理智能化发展的趋势

1. 推动酒店多种业态同步发展

当今酒店业的发展，已经突破了传统的酒店类型，综合性的度假城、亲子乐园、移动海上酒店、富有特色的各式主题酒店、非标准化的民宿、农家乐等多种提供住宿产品的酒店不断出现。无人酒店已经开业，且过去远离城市的民宿也可以通过互联网技术实现顾客预订，丰富的产品类型推动了酒店全产业链的发展与繁荣。同时，各类住宿产品的涌现，满足了消费者不同的住宿需求，酒店式公寓、分时度假等兼具度假与投资功能的产品给旅游者带来了更多选择，也给酒店产品经营者提出了更高要求。

2. 降低酒店运营成本，提升酒店运营效率

传统酒店的经营管理更多凭借经验，而现代酒店新技术的应用，除了经验，还需要不断学习新技术，如基于客户关系的大数据分析，能够帮助酒店更有针对性地服务好忠诚顾客；基于市场的大数据分析为酒店收益管理提供了优化的基础，使酒店能够更好地为客户提供适合的产品并获得更高的利润。这就需要酒店员工和管理者不断学习新知识和新技术，才能适应酒店新时代的发展需要。

3. 搭建酒店运营信息平台

新技术在为酒店带来高效率的同时，也使得信息更加透明公开。现在客人通过网上预订系统，可以很方便地查到并比较各酒店的价格、质量、评价等，此外还出现了各种比价网，顾客输入一家酒店查询，会出来若干家预订渠道的价格，其中不乏一些优惠活动信息，这使消费者有了更多选择，也使得酒店面临更激烈的竞争。

4. 提升营销成绩，拓宽酒店市场

传统酒店的市场拓展主要靠传统的营销手段，如广告、人员促销、活动推广等。新技术的应用，可以为酒店开拓更广阔的市场空间，如可以通过"互联网+"营销的方式，尤其是对新媒体的应用，能够使酒店更广泛地与客户更好地互动。酒店借助互联网建立的会员制，不仅增加了回头客，更是一种精准营销的优质渠道。

（二）智能化酒店运营实践

技术进步日新月异，且越来越多地被应用到酒店业，为酒店带来了更多的机会，同时为顾客带来了更好的体验，具体表现在以下几个方面。

1. 提升酒店实际效益

目前新型节能环保技术不断应用于酒店能源管理中，节能减排、刷脸技术使酒店安全更可靠，同时还能降低人工成本。通过大数据挖掘分析技术，酒店可以更精准地找到客户和竞争对手，有利于营销与品牌推广，还有共享平台、物资采购、技术支援、业务外包、人力资源优化等等都为酒店带来了看得见的效益。应该说从设备的技术角度，酒店有了众多方案选择，需要在酒店管理层面大胆实践和探索。

2. 改善酒店硬件环境

新技术也可应用于酒店的硬件环境创新，如天幕技术。现在国内已经有地方采用了天幕技术，打造类似威尼斯人酒店的不夜城，酒店的移动外景将不再局限在旋转餐厅，而将会有动态变化的客房外景。新的科技成就不断应用于酒店，太空酒店、冰窖酒店、海底

酒店为人类插上了理想的翅膀。

3. 颠覆传统盈利模式

近几年，随着移动互联网的广泛应用，"互联网＋"正颠覆着酒店业的传统思维，互联网思维和互联网技术创新企业运营模式正在成为中国住宿业的一个战略制高点，酒店人、网络人和OTA们都需要对此做出思考并有所行动。酒店业的管理模式经历了从经验管理、科学管理再到以资本品牌连锁为依托的战略管理，现在又逐步转向以信息接口为纽带的技术创新管理。很多酒店集团将基于海量共享会员信息的酒店数据，开展线上、线下全方位增值服务，探索新型商业模式；在为会员提供积分商城、旅行增值服务外，还将对"互联网＋酒店"这一模式覆盖的单体酒店提供集约化采购、工程、培训等增值服务。

4. 提高酒店经营管理效率

越来越多的专业化咨询公司及开发的应用软件，应用于酒店经营管理，针对新形势下酒店行业的发展方向和特殊需求，要以精细化管理、品牌标准化运营为核心目标，为客户提供从管理咨询顾问到搭建智能云端运营管理平台的一站式解决方案。根据酒店的实际情况和需求，灵活结合信息化系统部署，从根本上解决管理困难、成本高、资源配置不合理等问题。如客房事务管理体系致力于帮助酒店快速处理客房的日常性任务，全面落实周期性事务，实现对人力和物力的系统管理，并高效落实酒店客房事务的每一个细节，保证客房设施完善、卫生达标及顾客体验完美，是全方位提升客人体验的有效体系。配套系统还可自动统计客人的相关数据，生成客人偏好档案，为酒店的个性化服务建立数据基础等。

此外，受共享经济启发，已有酒店集团开发出线上酒店工程管理集约化平台。该平台解决了酒店普遍存在的设备采购贵、工程维修专业人员缺乏、工程资源无法共享、工程维保效率低等痛点。目前该项目部分功能已经上线，已为某集团节约了23%的年度设备维修保养费用。

5. 促进体验式经验模式构建

VR（Virtual Reality）、AI（Artificial Intelligence）等新技术应用于酒店业，给客人带来了更多新鲜体验。旅游者可以利用VR虚拟现实技术更逼真地了解酒店产品状况，降低购买风险；AI人工智能技术在智慧酒店、无人酒店方面的广泛应用，给旅游者带来了更私密的酒店住宿空间体验和更耐心的服务。

同时，以客户关系和大数据为核心的新技术，在提升酒店核心竞争力的同时，也为旅游者带来了超值和便捷体验，如酒店集团基于积分奖励的忠诚客户计划；酒店集团会员首次预订集团旗下的酒店，可以享受首晚折扣的优惠；酒店与支付宝的合作，为客人提供信用担保，客人住店离店不用押金，不用结账，入住结束顾客确认后支付宝再扣款，为守信用的顾客提供尊贵享受等。

另外，酒店集团还与传媒集团联手，为客人提供会员频道、直播频道等多方位的服务，所属会员可以很方便地在集团旗下酒店或者商场、铁路客运，通过连接热点进入会员专属频道，观看不占用流量的院线大片等。

第二节 基于现代科技的酒店管理发展前景展望

一、现代科技在现代酒店管理中的运用

（一）智能技术在酒店管理中的运用

利用智能技术帮助酒店管理是非常有必要的，主要表现在：①能够科学地提高客户对酒店提供的相关服务的满意程度，从而做大做强酒店服务业；②能够科学地降低酒店在运营管理上的人力成本，进而使得酒店的整体运营成本得到降低；③能够科学地降低酒店整体能源的消耗，行之有效地避免酒店长期以来的能源浪费现状；④能够提升酒店的整体安全级别，行之有效保障酒店人员与顾客的人身和财产安全。

（二）现代科技使得现代酒店服务更为便利化

随着酒店管理行业的深入发展，现代科技在现代酒店管理中的运用程度也越来越深。当前，酒店行业呈现出越来越激烈的竞争形式，这也直接影响了越来越多的酒店通过现代科学技术来完善酒店整体服务。如何运用现代科技促使酒店管理达到现代化，是酒店运营面临的重要问题之一。

二、现代科技为现代酒店管理带来的影响

（一）现代科技已成为酒店管理发展的关键

现代科技的持续发展，推动了社会生产力与社会经济的持续发展。当今，将微电子

技术作为载体,将计算机、通信作为主体的信息体系已逐步渗透到了经济发展的各大领域,并发挥着举足轻重的作用。随着酒店管理步入科技信息时代,现代科技已成为酒店管理发展的关键,现代信息技术与酒店管理的密切交融必然会促进酒店的经济发展,并成为酒店管理发展的新趋向。

(二)现代科技使得酒店管理更为多样化

现代科技促使我国的酒店管理朝着智能化、信息化、科技化、便捷化的方向深入发展,对酒店管理的影响是深入的、彻底的,在提升企业竞争力和强化企业文化等方面均发挥着无可比拟的重要作用,也为我国酒店管理的持续健康发展带来了生机与动力。随着酒店管理呈现出的智能化、便捷化的发展趋势,酒店管理务必要改变过去的竞争方式与运营理念。

(三)较以往比较,现代酒店管理的优点

多元系统电视、数据管理体系、局域网、网上预订、数字化信息电视、网络监视系统等现代技术的引入,都为酒店管理的深入健康发展垒实了根基,形成了智能化、便捷化、持续化、环保化、人性化的酒店科技发展趋势。在酒店管理的发展历程中,每形成一种新型科学技术,都会为酒店管理的发展贡献时代性力量。

三、现代科技在现代酒店管理中的发展前景分析

(一)依托现代科技发展酒店管理

当前,酒店行业的发展呈现出了激烈的竞争形势,如何依托现代科技达到现代化的酒店管理,促使酒店管理与运营形成整体化,是当前酒店管理发展的核心。

(二)酒店管理的数据化趋势

要想运营好一个酒店,就要具备科学的数据系统和有效的媒介载体,同时还要具备剖析整合体系等。比如,餐饮运营中的一大难题就是中餐要与时俱进、不断创新,为满足当前人们对饮食的高品质的要求,酒店务必要成立菜品研发部门,同时建立网络采购体系,通过网络采购,形成透明的价格体系,顾客均可以查看其合作伙伴与供应商。

（三）酒店管理中的个性化服务趋势

酒店管理发展的一个重要内容是实现酒店管理的现代化，其中就包括满足个性化服务，比如：将可视电话系统运用在酒店的会议室中；采用光线唤醒系统——因许多人喜爱通过光线来安排起床时间；利用指纹和视网膜对顾客进行鉴别，运用无匙系统进入房间。

综上所述，我们探究了现代科技对现代酒店管理的重要影响及相关作用，且发现了现代科技对于现代酒店管理产生的影响是潜移默化、深远持久的。所以，我们务必在今后更加行之有效地运用现代科技促使现代酒店管理取得新的、更大的成就。

最近几年，大数据与酒店布局频频接触，先是阿里巴巴于 2014 年 9 月入股石基信息，旨在将后者拥有的国内酒店大数据和自身的线上资源相整合，共同进军酒店餐饮 O2O 市场；随后，携程于 2015 年 3 月 25 日宣布将旗下的酒店事业整合，主要目的就是为了建设国内首个酒店业大数据平台。两家旅游巨头企业同时触及、发展酒店大数据业务，从一定程度上可以反映出，在酒店行业的后期发展中，对顾客相关信息进行大数据分析研究，了解客户的深层需求，是引领和主导未来酒店行业发展的方向，基于大数据分析研究下的酒店运营及定价策略管理的时代已经拉开序幕。

如果说以往的集团酒店管理系统尚能通过"分析人员 + 基础数据"的方式来应对 VIP 客人的服务，那么在当今大数据发展如此迅猛的时代，基于大数据分析的酒店管理系统则可以将服务和营销的方向囊括到曾被忽视的"非优质客户群体"以及"潜在客户群体的挖掘"这类巨大的潜在客源上，依据大数据分析研究制定的营销策略是有针对性的，是符合客户需求的，而不是以往通过主观的判断和经验的判定。客源是集团酒店经营的根本，在移动互联网时代，应为每个客户都提供个性化的解决方案。

四、大数据与酒店管理系统

"大数据"是信息时代最抢眼和最热门的词汇之一，各大媒体和各大行业都在热议大数据时代的技术应用，学术界、工业界甚至政府机构也已经开始密切关注大数据问题。就学术界而言，《自然》杂志就专门讨论了大数据带来的挑战和其重要性。

对大数据的运用，关键问题是如何提取数据的价值，如何利用数据，如何将"一堆数据"变为"大数据"。针对这方面，国内外学者相继开展了大数据分析算法、分析模式、分析规模、分析软件工具等方面的研究。一方面，在大数据结构模型和数据科学理论体系、计算模式、数据的转化与转移、数据信息的挖掘等基础理论方面取得了很大进步；另一方面，从科学、工程、医学零售、电信等特定领域的大数据应用，到中小企业大数据应用、公共管理部门大数据应用、大数据服务、大数据人机交互等多方面都开始了不断探索，大数据的应用范围不断扩展。但整体来看，大数据的应用仍处于起步阶段，我们仍需要探索更多、更高效地利用大数据的模式。

随着大数据的巨量增加和日新月异的变更，很多企业在如何抓取有效信息上变得比以前更加困难。我国酒店集团的组建和信息化建设都起步较晚，虽然在单体酒店前台（PMS）系统基础上进行了集团客户关系管理系统（CRS）、会员管理系统（CRM）等方面的尝试，但总体建设水平还远远落后于国际酒店集团。从目前研究的使用情况来看，大数据的支持更有益于精确的前期市场定位，未来或将成为酒店市场营销工作的利器，在酒店收益管理和客评的多维度分析方面提供深度的数据支持，成为挖掘酒店服务质量的重要因素。对数据的分析能力在很大程度上往往决定了企业成功与否。我国大部分酒店对数据利用的传统观念仅是将数据"单纯"处理，利用现有酒店管理系统对数据的处理多停留在各部门报表的制作、年度预算、年度趋势预测以及数据的相关汇总上，而对信息的深层次分析显得十分薄弱。在实际中，数据挖掘出来的规则还可以运用于酒店市场拓展、市场细分、顾客需求分析、创建个性化服务等诸多方面。

基于大数据的分析，能充分发现客户需求的变化和趋势，也能够基于数据分析明确推断行业的发展方向和发展前景。这不仅能够提高企业的经济生产效益、服务质量，还能在一步步发展中找到未来趋势，明确企业发展的方向。

（一）总体设计

以往的酒店管理系统一般运用 CRM 系统来分析数据，这种形式的业务记录只能告诉你酒店业务流程的运转情况，现在的大数据分析系统不仅可以明白地知道酒店的业务管理，还能通过进一步的数据分析了解酒店管理中存在的相关问题和变化趋势，并能通过长期的数据管理和经验积累，帮助酒店管理决策者实现业务的提升，最终提高盈利。

Tableau 是一款简单的商业智能工具软件，它没有复杂的代码编辑，控制台也可完全自定义配置。在控制台上，不仅能够监测信息，还能提供完整的分析能力其控制台灵活，具有高度的动态性且操作简单，容易上手，只要导入公司业务系统数据信息，通过简单地拖放数据字段信息即可形成可视化图形。轻量级的 BI 软件用 Tableau 作为分析工具，可对酒店管理系统中的酒店预订模块、客户入住模块、客户结算模块数据展开多维度分析。基于大数据分析，能够挖掘客户需求和习惯，以准确地找出酒店经营存在的问题，把握客户诉求，为客户提供个性化的服务，为酒店提供良好的营销决策。Tableau 主要可完成以下四个目标：①实现酒店企业信息抓手功能；②对客户入住酒店进行分析，明确客户需求导向，提高现代酒店管理与服务质量；③提高对市场需求的把握，达到盈利增收；④通过数据分析，发现成本高效匹配的利用方式，降低运营成本。

基于酒店管理系统大数据分析，主要从三个角度开展深入分析研究：①总体情况分析。对客户预订酒店、入住酒店到最后结账结算整个流程的业务数据作整体分析；②下钻分析。从酒店预订形式、房型选择、客户结算方式角度展开分析，深层次挖掘客户需求习惯；③关联分析。从客户预订量与时间、旅游行业发展态势关系，入住房型选择与客户地域关系，客户结算方式与酒店活动、支付平台相关活动关系等角度对酒店经营绩效做分析。

（二）系统功能模块研究分析

利用酒店数据为基础，采用 Tableau 软件作为工具开展"总体分析－下钻分析－关联分析"三方面分析研究，以挖掘数据信息，总结酒店订单生成规律，分析客户潜在需求，为酒店的营销和服务改造提供基础数据支撑和建议。

1. 酒店预订模块

酒店预订是客户选择酒店入住的第一个阶段，对客户需求的最前端信息掌握，是酒店管理的良好开端，充分分析客户的预订选择，能够提高对客户需求的了解，更好地改进酒店预订的策略。

中国目前的酒店预订网络正处于快速发展阶段，各种酒店预订网络层出不穷，酒店预订的质量也各有千秋。酒店网络预订巨大的优势决定了其必将是未来酒店预订的主流形式，怎样提高酒店预订服务质量、掌握客户的需求、分析酒店预订的优劣势，是重点的研究分析方向。分析结果如下。

从系统的数据分析可以看出：2011—2014 年酒店预订订单数逐年增长，每年的增长速度均在 20% 以上，表现比较稳定，至 2014 年略有增长速率变快的趋势，此方面的发展与互联网的普及程度提高及互联网与实体店逐渐紧密结合的趋势相吻合。

从预订到入住时间差分析来看：提前 4～6 天左右预订酒店是集中程度最高的，而当天入住或提前 1～2 天预订的订单数量相对较少，表明紧急入住情况下选择网络订单的人数相对较少。

通过对订单数据的分析发现，在订单来源方面，网络订单仍占据绝对的优势，这与网络的普及尤其是手机客户端的推广有密切的关系。其中，艺龙网、携程网、阿里旅行网占据了订单的大部分，而来自电话和官网预订的数量所占比例很小，这与酒店的连锁类型的分布有一定的关系，同时也与网络预订平台的分布、尤其是宣传和被广大客户接受的程度密切相关。

通过对酒店预订模块数据展开多维数据分析，发现酒店订单的预订受网络普及程度影响较大，与用户现在对互联网的普遍使用和接受有密切关系。基于此，提出两点管理提升建议：第一，加强和第三方预订网站合作，塑造良好品牌，提高第三方网站预订的响应速度，缩短客户酒店预订等待时间，提高服务质量；第二，因为存在第三方网站服务费用问题，应加强酒店网站自运营酒店预订质量，通过酒店预订优惠活动增加竞争力，提高市场占有率。

2. 客户入住模块

酒店入住是客户从完成虚拟预订到现实入住的关键过程，也是最重要的模块，其服务质量的好坏直接决定客户的需求选择。怎样提高酒店舒适度、服务水平至关重要。

酒店要想在竞争中立于不败之地，管理者们只有想方设法地不断提高客房入住率，在强大的竞争机制下保持自己的竞争力，才能提高酒店整体经济效益。基于大数据分析，能够挖掘客户需求和习惯，为酒店提供良好的营销决策。分析结果如下。

从全国订单数量分布情况来看：中东部地区订单数量明显较多，尤其在沿海一带，其中北京、上海和广州一带分布明显集中，其次是长江沿岸经济城市群，这与经济发展速度、经济体类型及经济活跃程度有直接关系，同时也可能与地区经济贸易活动，或旅游景点的分布有一定的关系。

从订单客户人群类型来看：大部分以普通会员（新客户）角色参与酒店预订事件，说明网络平台预订已在相当一部分消费群体中形成较稳定的习惯，这是酒店吸引力和品牌效应的良好导向；同时酒店更应加强服务水平，吸纳新客户成为会员客户，及时推送相关酒店信息。其次，金卡会员和银卡会员的比例也较高，说明以第三方预订平台为主的机制已明显引导并培养了部分人员的消费习惯，形成了较稳定的消费人群。针对这种情况需要进一步统计该类消费人群的订单次数，尤其是对酒店预订订单频率的统计与挖掘，以便锁定并更好地服务该类人群。

从人群对房型的需求来看：经济房预订和使用数量占有绝对的优势，说明网络预订对消费的定位仍以大众消费为主，尤其是经济性和舒适性需求是预订的重要方面。因此，应加强该类型方向的数量配比，以更好地应对该类需求，改善服务，增加竞争力。

3. 客户结算模块

酒店结算是客户完成酒店入住的最后阶段。怎样让客户更方便、快捷地完成结算业务，提高客户满意度是需求的关键。

酒店的定价策略，针对不同的人群有不同的标准；在活动期间，各式各样的促销、折扣，也会造成价格的浮动。客户结算方式呈现多样化，酒店结算收入应该根据这些特点，结合酒店本身实际情况，研究制定最佳管理措施并加以控制。通过对酒店结算流程的良好管控和优质服务，提高客户结算业务的满意度。

从客户反馈情况来看：客户的反映主要集中在服务态度、卫生条件和地理位置这些方面，这也是目前酒店预订人员消费时集中考虑的问题。从整体来看，随着我国酒店服务业的发展，酒店在服务态度和卫生条件方面取得了很大的进步，整体反馈情况较好。但也有客户反馈酒店服务人员对客户需求响应时间过长，影响了客户体验，对此情况建议酒店提高酒店服务响应速度，专人、专职值守，实时满足客户需求。还有很多客户反馈酒店卫生条件较差，建议酒店建立双向核查制度，对保洁清洁水平做出考核，规范清洁流程，提高清洁水平，提高客户满意度。而在客人注重的地理位置方面，则与客户住宿目的有关，针对这方面，酒店可针对客户类型和行程目的，开展针对性的酒店营销宣传。

酒店管理行业的发展越来越依托于数据的分析，大数据的产生收集、清洗优化、挖掘及整合研究分析，给酒店的经营管理提供了巨大的帮助，这是大数据所带来的无限机遇和可能。科技改变世界，对于酒店业而言，大数据不仅改变了酒店与顾客互相联系和相互交易的方式，也改变了酒店与供应商、酒店与合作伙伴之间的互相联系和相互交易的方式，这也是未来大数据发展的一种趋势。

酒店数据的深入分析和数据相关信息的挖掘，对酒店条件的改造，包括服务和硬件条件的提升，以及酒店营销人群的定位和营销手段的建立有着至关重要的意义。最新研究表明，大数据在未来的十年里将得到极大的发展和应用。虽然说目前很多基于大数据的成功案例并不是在酒店业，但是它们都向我们展示了一个共同的未来，那便是酒店业也将迎来大数据变革，大数据也必然在酒店业掀起一场变革的风暴。

第三节　现代酒店个性化服务与管理研究

一、现代酒店服务现状

（一）酒店的服务成效

酒店的服务问题日益受到越来越多人的关注，这是由于我国社会与经济的快速发展，人们在日常生活中越来越多地外出旅游、出差和聚会，与酒店打交道的机会大大增加了。

随着人民群众生活水平的提高，对酒店的要求也在逐步提高。

现代酒店不能仅仅是作为一个临时住宿、餐饮的场所，只提供简单的住宿或者餐饮服务，还应用周到、贴心的服务，让顾客有一种宾至如归的感觉，让酒店具有家的温馨。

从国内外的研究和应用实践看，许多酒店在执行标准化的服务管理前提下，更加注重酒店的个性化服务，并以此来增加对顾客的吸引力，并收到了良好的效果。时代对现代酒店的服务要求在提高，针对不同的顾客需要有独特的服务，以体现出个性化的特征，满足不同种类、不同个性顾客的要求。在此情况下，开展对酒店个性化服务和管理的研究具有重要的意义，有利于我国酒店业与国际接轨，促进行业服务质量的提高。

（二）酒店行业存在的问题

有些酒店管理人员为了便于对员工进行考核，更倾向于使用易于管理的规范化服务制度，认为只有拥有较高的管理知识和较多的管理经验才能管理好一家酒店。他们甚至片面地将个性化服务理解为投入更多的经营成本，或者认为个性化服务只针对 VIP 客户，或者认为只有高星级酒店才需要提供个性化服务。

酒店管理缺乏人才体系建设，员工入职门槛低，导致员工的素质参差不齐，新晋员工未经过培训就直接上岗服务的现象居多，以至于部分酒店员工的服务意识不强、工作态度散漫。我国酒店的大多数员工个性化服务意识比较薄弱，而过度强调标准却缺乏情感的服务，无法引起顾客的情感共鸣。

我国酒店大部分员工缺乏服务主动性，这直接影响到及时收集客户的个性化特殊需求信息，以及提供针对性的个性化服务，而且无法及时建立专门的客户档案；员工过分依赖以前的客户档案，忽视客户档案的更新与细化，这无疑会让酒店丢失部分客源。很多酒店缺乏客户档案专属存取设备和软件建设。员工权力范围过小，很难及时给予客人答复，影响客户的入住体验，影响了个性化服务质量，导致顾客对酒店的评价大打折扣。

酒店部门之间缺乏默契性的合作，缺乏协调性和团队合作精神。顾客个性化服务需求信息在流通过程中产生障碍，一旦发生了差错，部门间存在互相推诿责任现象，容易引发顾客不满及投诉，严重影响到酒店的名誉。部门间的协作度不强，也严重影响了工作的进展，直接影响到酒店的形象。

我国大部分酒店的服务工作人员招聘门槛较低，从业人员年轻化，薪酬待遇相对较低，假期少，职业素养较低。酒店员工的升职空间小，进而导致服务人员流动性大，服务质量有待进一步提高。酒店管理人员管理水平有待提高，缺乏员工积极性带动作用，忽视人本管理思想。

二、酒店个性化服务的内涵

（一）酒店个性化服务的概念

酒店服务在酒店经营与管理中占据了关键性的地位，是吸引顾客和获取良好业绩的关键指标和依据。从各国的酒店发展历史分析，酒店服务先后经历了三个阶段的发展——经验式服务、标准型服务和个性化服务。

在酒店行业刚起步的阶段，酒店提供的服务是以经营饭馆、客栈的经验为依据的，即简单满足客人的基本需求，后经过逐步摸索积累出酒店服务的经验和管理方法。随着工业革命后社会经济的迅猛发展，现代产业的大规模生产对酒店服务提出了规范化的要求，这时酒店服务理念有了创新，形成了标准型的酒店服务，并逐步在世界范围内得到了推广。近20年以来，由于酒店业竞争日趋白热化，人们对于酒店服务的研究也更加重视，加之游客消费模式的改变，现代酒店的个性化服务愈加得到了重视和肯定，酒店的服务模式也出现了新突破。

酒店的个性化服务是根据酒店个别或者群体顾客在住宿、餐饮、会议等方面的特殊要求、有目的地提供满足其要求的服务，以提高酒店服务质量和管理水平、吸引回头客。酒店个性化服务强调了顾客的需求，把预测与满足顾客需求放在保障服务质量的重要地位，这就避免了老式酒店服务只是以酒店规定为主体、轻视顾客个体的服务模式，体现出了"因人而异"和"以人为本"的先进服务理念。

（二）酒店个性化服务的类别与内容

"个性化服务"来源于西方国家第三产业的理念创新，它认为标准化服务是酒店的基础，可体现酒店工作的科学性；同时，现代酒店服务绝不能仅仅局限于标准化，而应在顾客服务需求的基础上，提供可引导消费性质的差异化服务。现代社会中，越来越强调人性的释放与自由，在不违反法律法规和不损害他人正当利益的前提下，人的行为显示出各种各样的特性，具有较大的差异性，这是现代社会宽容、文明的表现。因此，在这种创新理念的指引下，现代酒店服务业也需要尊重顾客的个性化需求，尽可能地满足顾客的不同需求，以便让顾客高度满意。当然，酒店提供的个性化服务是需要考虑经济成本的，只能提供略高于标准化的服务，服务花费成本过高或顾客过分的要求也是不可能都得到满足的。

由于顾客的个性化需求是多方面的，是个人不同生活习惯、风俗、爱好等决定的，不可能是千篇一律的，所以现代酒店的个性化服务也是多层次、多形式的。根据酒店的个性化服务内容，个性化服务可分成硬件服务、软件服务、综合性服务。

1. 个性化的硬件服务

个性化的硬件服务是由酒店利用人力、财力，对酒店的硬件方面的设施、建筑物、室内与室外环境进行改变，做出的一种具有个性化创新行为。例如：酒店通过建筑外表和室内的装修，形成了与众不同的酒店主题，或是主题酒店，或是女士酒店，或是儿童酒店等；也可以是酒店提供儿童玩具或者儿童游戏室，提高带有儿童入住顾客的满意度。

2. 个性化的软件服务

个性化的软件服务是酒店依据顾客的兴趣、习惯、风俗、个性而提供的相应的服务，这种服务一般不需要增加额外的硬件设施投入。例如：酒店为来旅游的顾客提供旅游目的地指南、风景介绍、旅游交通车辆设施的联系或介绍当地旅行社等，这都可作为酒店个性化的软件服务以吸引回头客。

3. 个性化综合性服务

酒店个性化的综合性服务是结合了软件与硬件的特点，需要酒店在软、硬件上都有改进，给顾客提供非同寻常的服务方式。例如：为给残疾人提供更好的服务，酒店一方面可以安装残疾人使用的坐便器，在电梯中设置残疾人便于使用的按键；除了这些硬件设施外，还应该有酒店服务人员在征得残疾人同意的前提下，为残疾人拎包、接送行李或者订票、托运行李等软件服务，以周到的服务温暖每一位酒店顾客的心。

酒店个性化服务，即指将标准化的要素进行重组，依据消费者的特殊需求为其提供针对性、超常规的差异服务。在消费者不参与服务设计过程的情况下，将心比心地为顾客设置较多的预备方案，以便让客户在欣然接受酒店服务的同时也能感受到物超所值的愉悦感，加深顾客对酒店的印象，建立良好的行业声望，由此收获消费者的忠诚度，以提高其市场竞争优势。

三、酒店个性化服务的管理

（一）确定酒店顾客所需要的服务

在现代酒店实行个性化服务的过程中，进行认真细致的管理是实现个性化服务效果的关键性步骤。如果酒店管理个性化服务没有计划、没有目标，服务就会呈现出杂乱无章的特性,让酒店顾客有了期望落空的感觉,这就容易损害酒店的利益。因此,现代酒店个性化服务需要进行专业化的管理,这种管理首先要经过准确的预判,确定酒店顾客所需要的个性化服务内容,准确地为顾客提供服务。一旦顾客的服务需求判断错误,提供的个性化服务不是顾客所期望的,就容易破坏酒店员工的积极性,还无形中增加了酒店经营成本。

确定顾客对个性化服务的需求,可通过面谈、观察、顾客档案记载、书面问卷、网络调查等多种方式了解顾客来店入住的缘由,掌握顾客希望得到的服务信息,有针对性地了解酒店顾客体验中硬件和软件服务可能欠缺的内容。在充分掌握相关信息的基础上,对有共性、实施成本较低的服务需求尽可能地予以满足。例如:为度蜜月的新婚夫妻提供婚房;为过生日的顾客准备生日蛋糕;为携带儿童入住的顾客准备儿童浴缸……从而形成个性化服务的具体内容。遇到个别顾客的服务需求成本较高,但是又需要予以满足时,可对此类服务提出专项收费或者外包给专业服务公司,并且事前向顾客解释清楚,以征得顾客的理解和支持。

(二)开展现代酒店个性化服务的规划设计

酒店在通过调查、研究,确定了顾客的个性化服务需求后,须进行全面的个性化服务规划,综合考虑经营成本、客户服务需要、内部条件和外部条件以及员工素质、能力的满足情况等因素,设计出本酒店合理、可行的个性化服务项目并形成个性化服务章程,指导日后酒店个性化服务的开展。酒店的个性化服务应以满足顾客在四个方面的期望为前提:安全期望、生理期望、工作期望、社交期望。

现代酒店规划设计中确定的个性化服务项目,不但要求包括具体的服务实施内容,也应规定相应的服务标准、执行人和责任落实部门,决不能因为属于个性化服务就降低服务标准。酒店不仅需要让员工主动了解个性化服务的内容、掌握个性化服务的技能,还应通过一定的方式对外公布,让入住酒店的顾客了解酒店个性化服务的项目内容,在便于顾客选择的基础上,提高酒店的影响力与综合管理水平。

四、现代酒店个性化服务的实施

(一)酒店客房个性化服务的实现

现代酒店通过各种形式的个性化服务与管理展现酒店特色,树立起酒店的品牌形象,是酒店走向成功的必由之路。现代酒店个性化服务的管理形式与内容较多,但若按照酒店服务区域归纳，主要有酒店前厅的个性化服务、客房的个性化服务、餐饮的个性化服务，还有员工的个性化培养、个性化的营销管理等。

1. 个性化的客房主题设计

客房主要是人们休息、简单会客的场所，功能较为简单。但顾客来到了酒店，在满足休息与会客的前提下，还期望着与众不同的体验。因此，酒店的客房设计一定要有鲜明的主题，需要进行创新性主题设计。比如有的酒店客房设计为家庭客房，既突出了居家的风格，又围绕着家庭中的儿童为中心进行设计，整个客房的空间设计体现出简洁明亮的特色，营造出一种愉快祥和的环境氛围；同时，客房中还配置了家庭常用炊具、儿童房、婴儿洗澡池等，为携带幼儿出游的家庭提供贴心舒适的服务。再如，美国俄亥俄州海滨酒店就是一家"小说旅店"，其中一间是"福尔摩斯客房"，该客房以大侦探福尔摩斯为设计主题，从特制的半圆形帽子、长长的黑披风到奇怪的大烟斗，无不显示出福尔摩斯个人的特色，由此使得该酒店成了远近闻名的特色酒店，酒店的入住率常年保持在同业较高水平。

2. 提供客房软件上的个性化服务

酒店在提供的服务上便利顾客，可让消费者印象深刻，个性化服务既能解决顾客的实际困难，又能得到顾客的认可与赞誉。例如，酒店考虑到顾客外出身边带着孩子，可以暂代父母照顾孩子。这种临时看管孩子的个性化服务避免了家长的难处，深受顾客的好评。

（二）个性化员工的培养

人是酒店中最活跃的因素，也代表了酒店的形象和服务水准。为了使酒店的个性化服务获得最好的效果，应加强对酒店员工个性化服务能力的培养。

酒店员工不能只按照规章制度死板地执行，还需要具有一定的灵活性，这种灵活性是以促进服务质量的提升和最大限度地保障酒店利益为前提的。

酒店应采取一定措施鼓励员工持有乐观、积极向上的工作态度。例如"红点奖励"：在服务中表现突出优秀的员工颁发一个"红点"，发放工资时计算红点数量并转化为现金奖励。在管理中培养个性化人才，注重有效沟通，让每一位员工都能够发挥其长处。有幸福的员工才会有幸福的顾客，幸福、快乐的员工会感染酒店顾客，让员工不再把工作看成包袱，而是把自己当作酒店的一部分，真正在服务中保持良好的服务态度，能促进酒店的个性化服务。

五、国内酒店业个性化服务的误区

目前,国内不少酒店提出了个性化服务的口号,但往往只停留在口头上或只做了一些皮毛,没有真正将个性化服务理念渗透到酒店的日常管理和服务中去。究其原因,最重要的还是酒店对如何提供个性化服务的理解存在误区。

(一)认为提供个性化服务就会增加经营成本

有些酒店高层管理人员认为提供个性化服务就需要雇佣更多的员工,增加更多的开支,而且往往得不偿失。不能否认提供个性化服务可能会增加一定费用,但是这些费用更多地表现为情感投资,而这些情感投资会给酒店带来意想不到的回报——为酒店创造良好的声誉、带来稳定的客源等。而且,在日常管理、服务过程中,不乏不增加任何成本费用的个性化服务,如客房服务员根据客人的起居习惯调整整理房间的时间等。

(二)认为提供个性化服务就要设立专门岗位

随着酒店金钥匙组织在我国的不断发展,有些酒店管理者认为提供个性化服务就要设立诸如酒店金钥匙、私人管家等岗位或是增加更多可供客人选择的服务项目,甚至建立专门机构或组建一批专门队伍为个人提供个性化服务。设立私人管家、酒店金钥匙的确属于提供个性化服务的一种方式,尤其是金钥匙服务已成为国际上高档酒店个性化服务的象征。不过提供个性化服务远远只是这些。设立专门岗位或提供专门服务项目只是众多途径中的一种,酒店不能仅局限于这些方面。酒店个性化服务贯穿于酒店经营管理的方方面面,贯穿于酒店管理与服务的全过程,是在每一位员工身上都应该体现的。

(三)认为提供个性化服务只是高星级酒店所需要的

其实无论是什么档次的酒店都面临一个共同问题,即如何不断提高服务质量。提供个性化服务是酒店服务质量提高到一定程度后的必然要求。低星级酒店虽然受到设施设备、服务项目等方面的限制,但服务质量不能因此打折扣。高星级酒店的个性化服务理念,同样可以在低星级酒店中得到很好的运用。

(四)认为个性化服务只是针对某些客人而提供的

有这种误解的人认为,个性化服务是专门为某些特殊客人提供的特别服务,例如:

有身份、有地位、有名气，能给酒店带来很大贡献的客人。这样做只会导致员工不能一视同仁地为客人提供应有的服务。这种厚此薄彼的做法会使那些受到不公平待遇的客人心灵受到伤害，大大损害酒店形象。酒店为客人提供服务是指为所有到酒店来的客人服务，而不考虑其背景、地位、经济状况等方面的差异。因此提供个性化服务不能只是针对某些客人提供，而是要为每位到酒店来的客人提供。

六、完善我国酒店业个性化服务的对策

（一）建立准确、完整的客人档案

酒店应使用计算机建立顾客数据以库存储每位顾客的信息，尤其是重要宾客和常客的客户档案。根据其预订与进店办理手续时提供的信息和服务人员在客人入住时的观察，把客人的爱好、习惯、消费活动、旅游目的等信息存储起来，进行处理、分析，以便服务人员有针对性地提供特殊服务，投其所好令其满意；并据此进行关系营销、联络感情，提高客人回访率。

（二）提供有针对性的个性化服务

提供有针对性的个性化服务要求员工具备一定的素质，期望员工生来就擅长于个性化服务是不切实际的。当遇到个性化服务时，大多数员工在当场做出决定有一定的困难。因此，针对特定的情景、特定的人群，要培养员工有做出适当的个性化服务措施的能力。管理人员通过持之以恒的员工培训工作，向员工灌输服务观念，丰富员工的服务知识与技能，培养员工的服务营销意识，鼓励员工发挥创造力和主观能动性，进而使从业人员在遇到不同的客人需求时能够当场做出决定；与此同时员工也应该学会总结，树立关心顾客的意识，要把员工放在顾客的位置上进行模拟服务，相互体验感觉，总结经验，减少服务过程中的失误，提高质量。

（三）管理上适当授权

要使顾客正当需求及时得到满足，服务人员必须具备一定的决策能力。管理人员应当支持并鼓励服务人员根据顾客的具体要求，灵活地提供优质服务，并授予服务人员一定的权力，以便服务人员可以及时地采取必要的措施来满足顾客的独特要求。适当的授权，在提高顾客满意度的同时，也提高了员工的成就感，调动了积极性。

（四）加强沟通与协作

以顾客的利益为重，为顾客创造更高的消费价值，是酒店全体成员的共同职责。特殊服务的提供，有时涉及多个部门，只有沟通渠道畅通，各部门鼎力合作，才能保证服务及时、有效地提供。管理人员应建立明确的沟通与协作制度，加深部门间的理解和上下级沟通，奖励内部激励协作精神，使协调工作成为各部门各成员的共同行为准则。

（五）建立奖励机制

除了要创造良好的工作环境，酒店还要建立行之有效的考核和奖励制度，要综合内部和外部效率考核服务成绩，奖励在优质核心服务基础上的特殊服务。管理人员可通过顾客意见调查、工作日志抽查、班组工作评议等途径收集优质服务信息，及时、合理地运用多种方式奖励、表彰创造性提供优质服务的员工，使优质服务成为全体员工的共同价值观念，并在全体员工中形成关心顾客、助客为乐的服务风尚。

（六）增强革新意识

服务质量的提高是酒店管理的核心。员工是否具有较高的服务质量意识，是酒店经营活动的直接影响因素之一。因此，酒店可从以下几方面入手来提高员工个性化服务意识。

1. 思想革新

加强员工个性化服务意识的培训和宣传，学习个性化服务的深层次内涵，以便更好地实现个性化服务。

2. 行为革新

将个性化服务付诸行动，服务意识和服务推广结合在一起，更好地体现出个性化服务的重要性。

3. 循环改进

坚持个性化服务与持续的经验总结相结合，及时更新、及时发现问题、及时解决问题，才能更快速地提升服务质量。

4. 充分放权

酒店的管理人员应该站在员工的角度分析问题，充分放权，有助于更有效率地增强整体个性化服务意识，并提高个性化服务质量的层次，为酒店经营带来利润。

（七）创建个性化客户数据库

酒店应鼓励一线服务人员积极参与客户交流，获取更多客户信息。客户信息是实施服务的"必需资料",它便于员工剖析客户的独特需求,更好地了解客户对酒店提供的个性化服务的满意状况。酒店的工作人员应该记录下客户对酒店服务的要求及意见,并且随时更新至客户数据库,分类管理,完善客户档案。并建设数字化网络化档案信息分析体系,注重服务细节化、个性化,在简单的小细节上使顾客获得最大的开心满意。

(八)强化部门间的沟通

部门间的协作及配合程度会直接影响到酒店的经营效益,强化酒店部门间的沟通是个性化服务建设的前提。首先,部门间要分工明确,及时沟通,根据客户建议逐步完善并分析岗位职责;其次,合理增加员工文娱活动,提高员工的团队意识、协作和组织能力等,营造和谐共进的沟通空间;最后,完善客房的硬件维护与更新,提升顾客舒适度,满足多元化顾客需求,树立良好的酒店形象,从而提高酒店的核心竞争力。

(九)提高员工职业素养

酒店若想留住人才,必须完善招人、育人、用人、留人的机制,坚持"以人为本",合理提高员工的薪酬福利,协助员工制定职业发展规划,提供培训机会,完善培训体系和激励政策;以能岗匹配的原则合理设计招聘甄选制度,做到人尽其才、人尽其用,避免人员流失,减少管理成本;坚持"不唯文凭看水平,不唯资历看能力,不唯亲疏看才干"的"三不原则",培育一支高素质的员工队伍。

个性化服务是提高酒店核心竞争力的一个重要方法,对拉动酒店的效益增长起着重要作用。目前我国酒店的个性化服务存在瑕疵亟待解决,需要引进更多的先进理念,并重点解决员工缺乏创新服务意识、员工整体素质不高、部门协调性不强和员工流失率高等问题。酒店应该建立完善的服务管理系统,加强个性化服务意识、建立客户档案、强化部门间的沟通、制定合理的用人机制,进而提高酒店的个性化服务质量,增强酒店竞争力。

服务经济已经成熟,随之而来的将是体验经济。体验经济的到来,使得个性化服务在酒店服务中占有相当重要的地位,也为酒店的个性化服务创新提供了更广泛的空间。酒店应该把握机会利用个性化的手段来提高酒店服务的价值,开创以体验促进发展的新局面。酒店业作为二十一世纪的朝阳产业,将面临新的挑战和前所未有的机遇,谁能够顺应时代的发展,把握市场的最新需求,谁就能在激烈的市场竞争中取得胜利,最终的决定权还是在于客人对酒店提供的服务是否满意。所以,酒店的管理者要重点抓好个性化服务的每一个环节,推动企业和员工的共同发展,真正地让顾客在酒店中获得难忘的美好体验。

参考文献

[1] 姜红. 酒店运营管理 [M]. 武汉：华中科技大学出版社，2020.

[2] 唐颖. 酒店服务运营管理 [M]. 武汉：华中科技大学出版社，2021.

[3] 王唯. 当代视域下酒店的管理与经营变革 [M]. 长春：吉林大学出版社，2022.

[4] 蔺剑. 新时代下的酒店服务理念研究 [M]. 长春：吉林大学出版社，2020.

[5] 李伟清，黄崎，朱福全. 酒店管理概论 [M]. 北京：北京理工大学出版社，2021.

[6] 丁林，窦梓雯，汤文霞. 酒店管理概论 [M].2 版. 北京：机械工业出版社，2020.

[7] 张瑜. 新时期酒店管理理论与实务研究 [M]. 长春：吉林科学技术出版社，2021.

[8] 王晓亚. 酒店服务质量管理 [M]. 哈尔滨：哈尔滨出版社，2020.

[9] 皮常玲，焦念涛，郑向敏. 酒店安全控制与管理 [M]. 重庆：重庆大学出版社，2021.

[10] 蒋晓东. 现代酒店管理与服务创新研究 [M]. 长春：吉林人民出版社，2019.

[11] 穆林. 互联网时代的酒店管理 [M]. 北京：中国轻工业出版社，2021.

[12] 曲波，江金波，魏卫. 酒店房务运营与管理 面向企业数字化转型的思考与探索 [M]. 北京：清华大学出版社，2022.

[13] 王丹鹤，龚慧，李慧. 酒店管理概论 [M]. 北京：机械工业出版社，2023.

[14] 李花，桑子华，沈洁. 酒店信息管理系统 [M]. 北京：北京理工大学出版社，2022.

[15] 李雪. 酒店管理与营销研究 [M]. 北京：现代出版社，2019.

[16] 马勇，张胜男，何飞，等. 酒店管理信息系统 [M]. 武汉：华中科技大学出版社，2019.

[17] 罗芳. 酒店管理实操从新手到高手 [M]. 北京：中国铁道出版社，2023.

[18] 罗东霞. 酒店运营管理 [M]. 北京：中国旅游出版社，2020.

[19] 黄萍，杨卉，李欣阳. 旅游新业态下经济型酒店经营管理探究 [M]. 北京：中国纺织出版社，2020.

[20] 孙宗虎，王瑞永. 酒店运营与管理全案 [M]. 北京：人民邮电出版社，2021.

[21] 钟伟，姜红.酒店管理专业人才培养与实践探索[M].北京：中国人事出版社，2022.

[22] 杜建华.酒店餐饮服务与管理[M].北京：旅游教育出版社，2021.

[23] 韩茜.旅游市场发展与酒店管理研究[M].长春：吉林文史出版社，2021.

[24] 党印.酒店收益管理[M].北京：经济科学出版社，2020.

[25] 蒋桦.电子商务背景下微信营销的策划与运营管理[M].成都：电子科技大学出版社，2019.

[26] 蔡洪胜，任翠瑜，王占伶.酒店餐饮服务与管理[M].北京：清华大学出版社，2020.

[27] 郑红，颜苗苗.智慧酒店理论与实务[M].北京：旅游教育出版社，2020.

[28] 黄昕，汪京强.酒店与旅游业客户关系管理—基于数字化运营[M].北京：机械工业出版社，2021.

[29] 徐春红，唐建宁.商务连锁酒店运营与管理[M].杭州：浙江大学出版社，2020.

[30] 刘悦.酒店人力资源管理[M].北京：高等教育出版社，2020.

[31] 邓爱民，李明龙.酒店运营管理[M].北京：高等教育出版社，2019.

[32] 周辉，孙爱民，印伟.酒店安全管理实务[M].南京：南京大学出版社，2020.

[33] 杨春亮，凌莉，张江丽.现代酒店前厅服务与管理[M].厦门：厦门大学出版社，2021.

[34] 邓俊枫.酒店数字化运营.北京：清华大学出版社，2022.

[35] 许鹏，梁铮.酒店管理信息系统教程实训手册[M].3版.北京：中国旅游出版社，2021.

[36] 姚静娟.高职院校酒店管理与数字化运营专业培养模式探究M].北京：中国广播影视出版社，2022.